Pour Richard

Que ce temps libéré soit pour
vous un temps de découvertes
de défis et de projets stimulants.
Ce sera pour vous une vie si
belle à découvrir. Bonne Route
Claire B.

Le temps libéré

Dialogue sur la retraite

D1120726

le 1⁹ mai 2007

Ouvrages d'Hubert de Ravinel

Vieillir au Québec, Éditions de la Presse, 1972.

L'âge démasqué, Éditions de l'Homme, 1979.

Les enfants du bout de la vie, Éditions Leméac, 1980.

Au fil de l'âge (en collaboration avec Robert Laliberté), Éditions du Méridien, 1988.

Le défi de vieillir, Éditions de l'Homme, 1991.

Le courage et la tendresse, Fondation du Centre Hospitalier Côte-des-Neiges, 1992.

Vieillir au masculin, Éditions de l'Homme, 1997.

Claire Blanchard de Ravinel
Hubert de Ravinel

Le temps libéré

Dialogue sur la retraite

NOVALIS

Le temps libéré est publié par Novalis.

Direction littéraire : Josée Latulippe

Éditique : Christiane Lemire, Richard Proulx

Couverture : Christiane Lemire

Photographies : Denis Brunet

© 2003 : Novalis, Université Saint-Paul, Ottawa.

Dépôts légaux : 3ᵉ trimestre 2003
Bibliothèque nationale du Canada
Bibliothèque nationale du Québec

Réimpression 2004

Novalis, 4475, rue Frontenac, Montréal (Québec) H2H 2S2
C.P. 990, succursale Delorimier, Montréal (Québec), H2H 2T1

Nous reconnaissons l'aide financière du gouvernement du Canada par l'entremise du Programme d'aide au développement de l'industrie de l'édition (PADIÉ) pour nos activités d'édition.

ISBN : 2-89507-428-3

Imprimé au Canada

Catalogage avant publication de la Bibliothèque nationale du Canada

Blanchard de Ravinel, Claire, 1942-

    Le temps libéré : dialogue sur la retraite

    Comprend des réf. bibliogr.

    ISBN 2-89507-428-3

    1. Retraite – Aspect psychologique. 2. Retraités – Morale pratique. 3. Retraités – Psychologie. 4. Réalisation de soi. I. Ravinel, Hubert de, 1934-   . II. Titre.

HQ1062.B54   2003   155.67'2 C2003-941190-7

NOVALIS

Remerciements

Nous remercions chaleureusement ces quelques amis qui nous ont fidèlement accompagnés au cours de la rédaction de ce livre. Nous exprimons en particulier toute notre reconnaissance à Marie-Sybille et à May pour leur généreuse collaboration.

Prologue

La retraite! Tôt ou tard, nous arrivons à cette étape de la vie. Pour les uns, elle a été depuis longtemps désirée et attendue et pour d'autres, repoussée, voire déniée, par amour de leur travail ou par crainte de la perte de leur identité que risque d'engendrer l'abandon d'une activité professionnelle.

Nous sommes un couple, mariés depuis vingt-neuf ans et sommes tous les deux à la retraite depuis quelques années. Il y a trois ans, nous avions été interpellés par une émission à la télévision québécoise dont l'essentiel du propos était de montrer comment de jeunes retraités vivaient, au quotidien, ce temps de leur existence. On y présentait la retraite comme une période de vacances sans fin, où les plaisirs et les distractions se succédaient dans une ambiance apparemment exempte de contraintes et de défis. Une telle image aussi idyllique, où les clichés prometteurs faisaient essentiellement place au plaisir et au farniente, nous avait fort étonnés, car ce n'est pas ainsi que nous concevions notre avenir.

Parce que nous sommes dégagés des obligations professionnelles, nous croyons plutôt que cette étape de notre vie doit se construire autour de nouveaux projets qui pourront nous permettre de réaliser des rêves, enfouis peut-être depuis des lustres, de faire des apprentissages longtemps mis en veilleuse. En tout cas, de vivre autrement qu'autour d'une piscine ou sur un terrain de golf en Virginie, à supposer que l'on en ait les moyens! Non pas que nous soyons en désaccord avec le fait que les retraités puissent consacrer plus de temps aux sports et à la détente. Parce qu'ils sont plus libres qu'autrefois, il est en effet tout à fait légitime qu'ils s'accordent du bon temps bien mérité, après des années de labeur.

Mais, selon nous, un projet de retraite ne devrait pas se bâtir autour des seuls loisirs. On le sait, les femmes et les hommes quittent de plus en plus jeunes le marché du travail et ils sont encore loin d'avoir un pied dans la tombe, comme c'était le cas autrefois lorsque l'on prenait sa « pension »… Nous pensons donc que là résident la joie et le plaisir d'être à la retraite, alors que l'on est encore jeune et vibrant d'énergie : vivre autrement, autre chose, mais autour d'axes librement choisis, puis actualisés.

* * *

En aucune façon, nous n'avons de style à proposer ou de conduite à suggérer. Ce serait là une dérive malheureuse qui nous écarterait d'emblée de notre propos initial. Notre intention est plutôt de partager avec le lecteur et la lectrice ce que nous ressentons et expérimentons au quotidien depuis que nous sommes à la retraite. Nous voulons exprimer, chacun à notre façon, nos perceptions, nos réflexions et ces doutes qui persistent, quels que soient notre âge et notre statut.

Certains des chapitres sont écrits par les auteurs tour à tour, alors que d'autres sont rédigés en partie par Claire, en partie par Hubert. Entre les chapitres, Claire intercalera, à l'occasion, ce qu'elle appelle ses petits tableaux, sortes d'illustrations littéraires propres à suggérer une ambiance intime ou souriante.

* * *

Pour nous, la retraite n'est pas la dernière étape de notre vie. À l'instar des saisons qui l'ont précédée, nous l'entrevoyons comme un temps d'apprentissages, de création, mais aussi de remises en question. Cette grande liberté reconquise après des années de travail laisse place à bien des possibles et à l'actualisation de rêves et de projets demeurés dans l'ombre. Nous espérons que cet enthousiasme transparaîtra dans les pages qui suivent.

CHAPITRE 1

Devenir retraitée

Les mots de Claire

J'ai soixante ans et je suis à la retraite depuis cinq ans.

Lorsque pour la dernière fois j'ai quitté le collège où j'enseignais, la porte s'est refermée sur vingt-sept années d'enseignement, tantôt stimulantes, intenses, tantôt plus difficiles et contraignantes. Cumulant, comme tant d'autres, les tâches familiales et professionnelles, ma vie avait été, trop souvent, une course contre la montre. Oui, j'avais parfois eu hâte que vienne ce moment, arrivé d'ailleurs prématurément en 1997, à la faveur des mesures incitatives de l'État. J'y songeais à cette retraite, mais il me semblait alors qu'au moment où elle se présenterait je serais une femme âgée, à la peau ridée, trop épuisée pour rêver à de nouveaux horizons.

Or, à cinquante-cinq ans, je me sentais pleine de fougue et d'enthousiasme. Désormais libérée des contraintes et obligations professionnelles, je désirais surtout profiter de ma liberté retrouvée. J'avais la conviction de mériter cette vie nouvelle, de l'avoir en quelque sorte gagnée après des années de labeur. Je me sentais excitée, stimulée, à la pensée de tant de liberté à venir, tout en éprouvant de façon plus aiguë qu'autrefois un sentiment de finitude. Les années m'étaient comptées et j'en devenais viscéralement plus consciente.

La vie professionnelle était désormais derrière moi. J'atteignais un nouveau versant de l'existence et cela me paraissait à la fois grisant et angoissant. Une page était tournée. Irrémédiablement. J'allais pouvoir m'arrêter après toutes ces années au cours desquelles j'avais beaucoup appris, partagé, vécu auprès de jeunes adultes. Il me fallait maintenant réfléchir à ce que je ferais, non pas *dans la vie*, mais *de ma vie*. Je trouvais en effet important de préciser quelle orientation je souhaitais donner à cette étape de mon parcours et de faire, en conséquence, des choix plus lucides. Je ne voulais plus vivre dans le cadre rigide des horaires, mais néanmoins définir quels seraient ces axes autour desquels se définirait ma vie de femme libérée du travail.

La retraite, l'apprivoiser en douceur

Au tout début de ma retraite, je ne désirais plus faire usage d'un agenda et encore moins choisir des activités m'obligeant à gérer mon temps en fonction d'un horaire. J'avais besoin de savoir que le temps m'appartenait et que peu de contraintes viendraient assombrir ce qui m'apparaissait alors comme une longue succession de temps libres.

Je voulais avoir la possibilité de me demander, jour après jour, ce que j'avais le goût de faire de ce temps libéré et m'accorder le loisir d'être à l'écoute de mes intuitions, de mes désirs, pour leur permettre de prendre forme. Avais-je envie de lire pendant de longues heures? d'essayer une nouvelle recette? de renouer avec un vieux tricot oublié? d'aller marcher, voir un film ou bouquiner? À quel moment dans ma vie, à l'exception des vacances d'été, avais-je eu la possibilité de me laisser ainsi porter par mes désirs?

En somme, au cours de cette première année, je désirais me réserver un horaire estival, renouvelant les plaisirs au fil du temps, au gré de mes fantaisies. Je refusais des propositions de bénévolat et d'activités qui auraient impliqué des obligations extérieures régulières.

Je lisais donc avec une certaine démesure et passais de longs moments à faire du rangement dans mes papiers personnels, à classer des photos. Je mettais de l'ordre dans tant de choses laissées en plan au cours des années. Je ressentais que le fait de retourner à ces témoins du passé m'aidait à me situer dans mon parcours, me donnant le recul dont j'avais besoin pour aborder cette nouvelle étape. Je faisais également du tri dans mes notes de cours, non sans nostalgie : ce passé si récent mais déjà du passé!

Je me rappelais ma vie professionnelle à laquelle j'avais consacré beaucoup de mes énergies et qui, plus jamais, ne serait là. Je pensais à mes collègues qui venaient de commencer un nouveau semestre et je me rendais compte que, malgré les aspects positifs de la retraite, je vivais un deuil. À Noël, par exemple, j'aurais souhaité être invitée aux festivités de mon département, tant j'avais du mal à me dissocier de l'équipe professorale à laquelle j'avais appartenu.

Je craignais de devenir *in-signifiante*, faute de statut professionnel. Je réalisais qu'il était inconfortable de ne plus posséder ce type d'identité et qu'il était jadis rassurant d'offrir au monde extérieur une description précise de ce à quoi j'occupais ma vie, comme si seule ma vie d'enseignante avait suffi à me définir.

En outre, je trouvais difficile d'apprendre à vivre plus lentement, sans échéances, alors que, depuis tant d'années, je vivais au rythme des réunions auxquelles assister, des cours à préparer et à donner, des copies à corriger. Je constatais ainsi combien l'assujettissement à un horaire, année après année, avait pu devenir sécurisant. Depuis si longtemps, les jours et les mois s'étaient écoulés selon une séquence bien établie : le travail, les fins de semaine, les vacances; un cycle connu et intégré depuis l'enfance, dès la rentrée à l'école primaire.

Par ailleurs, certains jours, j'avais le sentiment d'être désœuvrée et je ressentais une certaine confusion face à mes besoins, à mes attentes. Je n'arrivais pas à définir ce que je désirais. L'absence de structures me déstabilisait et, devant tant de possibles qui se présentaient à moi, je n'arrivais pas à choisir. Un peu comme l'enfant qui, le matin de Noël, surchargé de cadeaux, ne parvient à trouver ni satisfaction ni plaisir.

Je me sentais habitée par des peurs jusque-là inconnues, dont celle de mourir sans avoir pu profiter pleinement de cette liberté toute belle, toute neuve. Il est vrai que la perspective de tout ce temps que je pouvais choisir d'occuper à ma façon m'excitait et m'angoissait tout à la fois. Je devenais plus consciente encore de la rapidité avec laquelle les jours, les mois s'envolaient et de la précarité de la vie et des quelques certitudes sur lesquelles je misais. La perspective d'une mort moins lointaine donnait davantage de relief à cette nouvelle étape, et je désirais profiter intensément de ce temps de vie.

Un certain sentiment d'urgence s'installait et surtout, je saisissais mieux l'importance d'être plus attentive aux petits bonheurs du quotidien. Tout en ayant forcément quelques engagements, il me fallait savoir que, dans ma vie, il y aurait toujours de la place pour la spontanéité et l'imprévu.

Le temps des bilans

Au cours de ces vacances qui se prolongeaient, j'ai donc banni l'agenda. Et j'ai profité de façon quelque peu anarchique de ce que la vie m'apportait : lectures, cours, sorties, voyages, etc., tout en maintenant, bien sûr, les liens avec famille et amis et en continuant à assumer les tâches du quotidien.

Je n'avais aucun projet à moyen ou à long terme, car j'étais occupée à affronter le vide créé par l'absence de travail et préoccupée par des choix qu'il me faudrait préciser, tôt ou tard. Je souhaitais avant tout que cette nouvelle étape de ma vie soit passionnante, intense, utile à la fois à mon propre accomplissement et à ce monde près ou lointain auquel j'appartenais. Je sentais nécessaire ce temps de jachère et de retrait afin d'être en mesure, par la suite, de mieux circonscrire mes futures orientations.

À la fin de la cinquantaine, il n'est pas utopique d'espérer vivre encore de nombreuses années. Il était donc primordial que je dresse un bilan de ce que j'avais vécu et réalisé pendant ce temps de vie très actif sur les plans familial et professionnel et que je pose un regard plus attentif sur les chemins jadis empruntés, chemins si différents de ceux dont j'avais rêvé à dix-huit ans.

« Inventer sa vie requiert silence, attention, concentration, retrait de l'environnement[1]. » Oui, il s'agissait bien de réinventer une nouvelle

---

[1] Y. PRIGENT, *L'expérience dépressive : la parole d'un psychiatre*, Paris, Desclée de Brouwer, 1994, p. 31.

partie de mon existence. Riche des expériences du passé, indépendante financièrement, plus lucide qu'à vingt ou trente ans, je ressentais la nécessité d'accorder davantage de place au silence, à la réflexion. Depuis la fin de mes études, le travail et l'éducation des enfants avaient été au centre de ma vie. Les années s'étaient succédé sans que j'aie eu l'occasion d'avoir, devant moi, de vastes espaces de temps libres.

Cette absence de travail me décontenançait. Elle me ramenait à ce temps de l'enfance où pour moi les idées fourmillaient, où les moments de liberté étaient souvent trop courts pour mettre à exécution tout ce que j'échafaudais mentalement. Je voulais donc renouer avec l'enfant de jadis, cette enfant créatrice, passionnée, ayant eu depuis toujours le désir d'explorer, d'apprendre, de comprendre. J'avais depuis longtemps oublié sa présence, sans doute parce que trop occupée à vivre ma vie, à la gagner.

J'espérais que cette période transitoire, à la fois euphorique et angoissante, m'aiderait à préciser mes projets futurs, les lignes directrices qui jalonneraient mon quotidien, les attentes auxquelles je pourrais tenter de répondre, les désirs et les idéaux non comblés et qui pouvaient encore l'être. Il me fallait choisir la meilleure façon de vivre en accord avec mes valeurs et mes quelques certitudes.

Dressant le bilan de ce que j'avais accompli, je prenais conscience qu'il m'était toujours possible de réaliser certains rêves. Même retraitée, ou plutôt *parce que* retraitée, je devais clairement identifier mes priorités et, comme la tortue de la fable, choisir la ligne droite pour les atteindre, le sablier semblant s'écouler beaucoup plus rapidement.

Je me suis alors attardée à ce qui avait été satisfaisant dans ma vie et à ce qui l'avait moins été. Il m'apparaissait essentiel d'évaluer dans quelle mesure j'étais heureuse ou pas de ma trajectoire d'être humain sans cesse en devenir, de réfléchir sur le sens de ma vie et les orientations nouvelles que je souhaitais lui donner. Afin de ne pas être ballottée au gré de mes élans ou des événements extérieurs, il me fallait choisir les routes que je comptais emprunter. C'était à moi de décider comment je voulais vivre cette nouvelle étape de mon existence. Et cela, à la lumière de qui j'étais, des talents dont je disposais, de mes compétences toujours réelles, de mes goûts et de mes désirs.

J'avais du temps et j'entendais l'utiliser avec plus de sagesse et de clairvoyance. Il était tentant de repartir tous azimuts vers d'autres activités et d'autres engagements. Il aurait alors été risqué que je ne prenne pas le temps de faire silence en moi et de me déposer intérieurement. Temps de bilans, d'intériorité et de désengagement extérieur tellement nécessaire avant de faire de nouveaux choix.

Certes, ces sentiments d'attente et d'inquiétude n'étaient pas très confortables. Ne plus avoir une action clairement définie, vivre avec davantage de questions que de réponses me rendaient anxieuse, impatiente. Mais je sentais, plus vivement que jamais, l'importance de poursuivre ma quête avec passion et audace, consciente que l'inquiétude ressentie pouvait être génératrice de projets de vie encore insoupçonnés.

Femme de l'ombre

La femme de l'ombre : celle qui s'affaire sans cesse, désirant que la vie de la maisonnée se déroule dans l'harmonie. Et, même lorsqu'elle ne semble pas en mouvement, elle s'active intérieurement : ne pas oublier de…, faire ceci, organiser cela, écrire ou téléphoner à un tel, faire cette course, etc.

Elle s'agite, se démène, la femme de l'ombre. Elle s'agite, se démène pour ajouter de la fantaisie à un quotidien parfois terne et faire de la place à la tendresse, à l'amitié, au partage et à l'engagement, si humbles soient-ils.

Et lorsque, de temps en temps, elle sort de l'ombre, c'est pour devenir celle qui propose, prend les devants, décide, réagit, essayant d'accorder ses désirs et ses passions aux impératifs et aux exigences de l'extérieur.

* * *

Danse d'ombre et de lumière. Les années s'envolent et, tout en menant ma vie de professeure dans un collège pendant de nombreuses années, je sais que j'ai été et suis encore une femme d'ombre ou, peut-être, de clair-obscur.

J'aurais aimé vivre davantage dans la lumière, être connue, reconnue. Tout en étant convaincue de l'importance de mon travail d'enseignante et de mon rôle de mère, le fait d'assumer au quotidien une double tâche permettait l'engagement plus constant et plus exigeant de mon homme de lumière.

* * *

Je ne regrette surtout pas ces longues années consacrées à l'éducation de mes enfants et à la formation de plusieurs générations d'étudiants. Si l'engagement social reconnu peut paraître plus efficace, les responsabilités parentales et professionnelles assumées dans l'ombre, au fil du quotidien, valent bien les actions davantage glorifiées.

Danse d'ombre et de lumière. Les années se sont envolées. La rumeur du monde, le mien tout autour de moi et celui si vaste de la planète souffrante, bouleversée, en colère, je l'entends plus que jamais. Il importe peu que je sois une femme d'ombre si je sais être fidèle à mes choix et à ce qui donne sens à ma vie.

Chapitre 2

La retraite : continuité et nouveauté

Les mots d'Hubert

Le texte de Claire m'incite à penser à ma propre retraite. Je redécouvre, dans ses lignes, la nature de son récent parcours, son état d'esprit au seuil de sa retraite, le choc pour elle d'une vie nouvelle qu'il lui fallait définir, ses nouveaux rapports avec le temps, etc. Sans nécessairement mettre mon itinéraire en parallèle avec le sien, je ne puis m'empêcher de réfléchir à ce que je vivais au moment où je pressentais que mes activités professionnelles allaient bientôt cesser.

Dans les faits, j'avais déjà songé à ma retraite, mais sans vraiment m'attarder à ce que serait pour moi ce type d'existence. J'aimais la vie que je menais, même si j'ai dû m'astreindre à des horaires très chargés, des années durant, d'abord chez les Petits Frères puis comme consultant et enseignant. Travail et loisirs se côtoyaient et s'entremêlaient. Il est vrai que la vie de travailleur indépendant est fort contraignante car, incapable de prévoir et de planifier ses tâches, ce dernier est tenté de ne refuser aucun contrat. Cette situation que connaissent aujourd'hui de plus en plus de personnes peut amener à écarter, momentanément du moins, tout loisir ou toute distraction, sans parler de la vie de famille souvent mise à mal.

En dépit de ces horaires, j'aimais le contact simple et chaleureux des personnes âgées et des étudiants adultes. Transmettre et partager mes convictions, m'être senti compris et apprécié fut l'un des grands bonheurs de mon existence.

Pourtant une seule ombre, et de taille, demeurait au tableau : les soucis financiers. Je rêvais d'une époque où je n'aurais plus à me préoccuper de lendemains économiques toujours incertains. L'argent, même modestement, rentrerait alors tout seul. Et je pourrais, sans crainte, m'adonner aux projets les plus variés.

Tout naturellement, j'imaginais la retraite comme la continuation de tout ce que j'aimais, à l'exception, toutefois, des tensions liées à certains aléas de ma vie professionnelle.

Un deuil à assumer

Comme Claire, j'ai été amené à réfléchir sur le sens d'une existence où le travail professionnel n'aurait pour ainsi dire plus de place. Contrairement à elle, je n'ai pas eu comme premier réflexe de bannir les contraintes de temps et d'agenda. Mais en abordant cette nouvelle étape, je me suis rendu compte qu'il me fallait commencer par faire le deuil de toute une époque, maintenant révolue, où je m'étais trouvé plus ou moins sur la place publique.

Tout au long de ma vie active, j'avais eu, à maintes reprises, l'occasion de parler et surtout d'écrire sur la nécessité de bien préparer sa retraite. Compte tenu de la longévité accrue de la population, il m'apparaissait fondamental de convaincre lecteurs et étudiants adultes de l'importance de redéfinir leurs objectifs et leurs priorités au moment où ils se retireraient. Je les mettais en garde contre le risque d'une planification excessive qui, plus tard, laisserait peu de place à l'imprévu et à l'imagination.

Je croyais alors qu'il me suffirait, lorsque viendrait le moment de me retirer, de mettre en pratique toutes ces valeurs et ces convictions que j'avais partagées pendant tant d'années. Je me pensais donc prémuni contre ce que l'on pourrait appeler la crise d'identité liée à la prise de la retraite. Je dus cependant déchanter. Il n'est point aisé de passer du concept à la réalité. Prendre conscience que d'autres, plus jeunes ou plus ambitieux, occupent aujourd'hui une scène où je me trouvais bien ne fut pas pour moi une expérience facile. À un moment donné, je me suis senti dévalué, comme un billet de banque qui n'a plus cours.

J'ai réagi à ce sentiment plutôt déstabilisant en m'adonnant à des tâches et à des activités familières, comme j'avais pris l'habitude de le faire par le passé. Le poids des ans et la force d'inertie des habitudes ancrées affecteront peut-être ce cheminement, mais je considère que la retraite, comme toute autre période de l'existence, est également un temps de développement personnel, de remises en question, de progrès et de découvertes : on avance, on recule, on marque des points, on se fourvoie, on réussit. On craint moins de se blesser car on n'a rien à perdre ou presque. On se sent ainsi plus fort et plus libre. Je souscris donc aux propos de Daniel Levinson qui affirme que, « arrivé à un certain âge, il n'est pas plus catastrophique d'échouer qu'il n'est essentiel de réussir[2] ».

Miser sur mes acquis

Je dois admettre que je résiste mal à un certain activisme. N'ayant guère cultivé l'art de dire non, je sens aujourd'hui que mon temps risque de s'effilocher au rythme des engagements bénévoles, ponctuels ou non, qui me sont proposés. C'est toute la question de ma propre affirmation et de la protection de mon espace personnel qui est ici posée.

Cela dit, je suis convaincu qu'il est essentiel que je prenne des distances face à ma vie passée. La page est désormais tournée, les patins sont accrochés, un nouvel acte est à écrire et l'on sait que, dans les pièces de théâtre, le troisième acte est souvent celui qui compte le plus, car c'est alors que se dénoue l'intrigue!

J'ai pris conscience que je possédais toujours mes talents et mes compétences. Il s'agit maintenant de les renouveler. Je compte bien me servir de mes expériences afin de tenter d'autres aventures et ainsi tirer parti des outils dont je me suis doté au fil des années, à force d'échecs et de réussites. Toutefois, s'il est louable de souhaiter une vie de retraite créatrice et féconde, encore faut-il pouvoir bâtir un cadre de vie qui permette d'assumer ces défis.

---

[2]   D.J. Levinson, *The Seasons of a Man's Life*, New York, A.A. Knopf, 1978, p. 249.

Claire écrivait plus haut : « Il s'agissait bien de réinventer une nouvelle partie de mon existence. » Je suis bien d'accord avec cette affirmation, encore que cette « réinvention » ne soit pas totale, car elle doit s'appuyer sur les forces acquises au fil des circonstances. J'ai surtout à découvrir de nouveaux repères afin de bâtir un quotidien très différent de celui que je vivais jadis. Avant tout, un tel défi suppose que je change mes rapports avec le temps, que je m'invente des horaires qui soient davantage en harmonie avec ce que je veux vivre, individuellement ou avec Claire.

Un avenir à construire

Le voici donc arrivé, le temps de cette retraite sur laquelle j'ai écrit et dont j'ai parlé d'abondance. Maintenant, ce ne sont plus les autres qui se retirent, c'est moi. Je n'arrive guère à le croire.

Me retirer… Quelle curieuse expression! Quand je pense au programme de cette vie devant moi, je n'y perçois aucune trace de retrait mais, au contraire, une succession de temps actifs et de temps d'arrêt, une possibilité de rêves, de création et de défis.

Je souhaite de tout cœur que ce temps de mon existence me permette de percevoir la désorganisation de mes plans comme un élément positif. Un jour ou l'autre, je devrai me laisser guider par les événements tout en réapprenant, le cas échéant, à les diriger.

Très spontanément, que vois-je dans cette retraite toute neuve? Avant tout du temps, beaucoup de temps. Celui qui m'a tellement manqué. Du temps pour lire, me reposer, m'exprimer, notamment par la peinture, rencontrer des amis, veiller tard sans crainte des petits lendemains plutôt pénibles. Du temps pour parler avec Claire, avec nos filles, avec ceux et celles que j'aime. Pour les écouter sans avoir à regarder ma montre. Pour sortir également, voyager, aborder d'autres cultures, explorer des horizons différents et revenir au pays les yeux et le cœur remplis du vaste monde.

Certes, je conserverai mon agenda, mais j'ose espérer qu'il sera allégé, peu raturé, plein de colonnes blanches, noirci de-ci de-là de quelques engagements. Il me faudra donc découvrir un nouveau rythme de vie où se succéderont des temps d'activité et des moments de repos et de silence.

Tel est, je crois, le défi d'un équilibre de vie à construire. Je trouve cette entreprise exigeante, car elle n'est pas fondée sur des habitudes acquises, mais passionnante, parce qu'elle repose sur la création et la découverte.

Et l'argent dans tout cela?

Bien avant la retraite, nous sommes submergés de suggestions qui se veulent des plus convaincantes, pour nous inciter à bien la planifier. Ne soyons pas naïfs, il s'agit moins de conseils désintéressés que de tentatives pour attirer nos placements financiers. Ce battage publicitaire a comme effet pervers de réduire les enjeux de cette période de notre vie à des considérations purement matérielles, alors que nous savons fort bien qu'elle possède d'autres dimensions.

Les trompettes sonores des institutions qui nous courtisent et « veulent notre bien » nous claironnent qu'au moment de la retraite nous aurons à faire face à d'innombrables besoins. Faute de nous en remettre à leur vigilance intéressée, nous risquerons alors, selon elles, de tirer la langue et de vivoter jusqu'à la fin de nos jours.

De telles prédictions ont pour effet d'augmenter notre insécurité. Elles sont souvent inutilement alarmistes et passent sous silence notre capacité de nous adapter à une situation nouvelle. Par ailleurs, plusieurs analystes surévaluent les besoins financiers au moment de la retraite. Un grand nombre de futurs retraités deviennent donc plus inquiets et doutent de pouvoir effectivement se permettre de quitter le marché du travail. Ainsi, une personne qui aura décidé d'attendre encore quelques années avant de se retirer disposera sans doute de plus de moyens économiques, mais elle risquera d'être physiquement moins en forme et peut-être moins déterminée à s'adapter à son nouveau statut. Sauf si le travail a toujours constitué pour elle une source d'épanouissement et de gratification.

Il faut toutefois admettre que ces conseils intéressés recèlent une part de vérité, car la prudence est assurément de mise. Vivre épanouis, au moment où nous quittons la vie professionnelle, suppose que nous ayons décidé d'économiser de longue date pour disposer d'un peu plus que le strict nécessaire. L'une des satisfactions de l'existence résulte, à mon avis, de la possibilité de pouvoir nous procurer des petits plaisirs aussi agréables qu'imprévus, d'offrir des cadeaux à ceux et celles que nous aimons et de partager avec des personnes démunies. Ne plus être en mesure de le faire serait, pour moi, une véritable souffrance.

* * *

Je suis tout à fait conscient qu'en dépit de leurs efforts pour mettre de l'argent de côté, beaucoup ne peuvent atteindre les montants estimés essentiels à une existence exempte de tout tracas financier. Je songe, en particulier, à la condition économique et sociale de centaines de milliers de retraités qui ont de la difficulté à joindre les deux bouts et qui, de ce fait, vivotent péniblement. L'idée même de penser à un programme de vie épanouissant et plein d'intérêt leur apparaît, à juste titre, tout à fait dérisoire. À quoi bon entrevoir des projets, se maintenir en bonne santé, rêver à une vie meilleure, quand il faut sans cesse compter, épargner, attendre le prochain chèque et demeurer à la merci de la moindre dépense imprévue?

On parle beaucoup de simplicité volontaire vers laquelle, j'en suis convaincu, nous devons tous tendre. Mais quand cette simplicité est involontaire, elle perd, bien sûr, tout son sens.

* * *

Il nous arrive de discuter, Claire et moi, de la place de l'argent dans notre existence et nous convenons qu'une plus grande aisance financière nous simplifierait la vie. Il ne serait plus nécessaire alors de revoir régulièrement notre budget, de faire des choix et d'établir des priorités. Il faut pourtant admettre qu'une telle contrainte fait partie intégrante de la vie. Qui d'entre nous n'a jamais été amené à devoir choisir, à économiser dans bien des cas, à différer telle dépense jugée importante, tout en résistant aux sirènes de la consommation qui nous susurrent de « nous laisser gâter, car nous l'avons bien mérité »?

Chaque fois que nous abordons cette question, nous revenons aux mêmes conclusions : la présence chaleureuse de notre entourage et la nature de nos projets de vie ont pour effet de nous aider à relativiser le pouvoir de l'argent. Si, pour quelque raison imprévisible, nous devions nous serrer la ceinture, nous souhaiterions de tout cœur conserver en nous le souci d'accueillir les autres, d'améliorer la qualité de nos relations et de demeurer, en dépit de tout, curieux et créateurs.

J'ai tenté de bâtir mon existence sur des valeurs auxquelles je croirai jusqu'à la fin et je me refuse à accepter qu'un accident d'ordre financier vienne réduire à néant tout cet acquis. Il me faudra alors être plus imaginatif que jamais, vivre plus simplement et trouver le moyen de conserver le goût de la convivialité et du plaisir, dont celui de partager. Le confort fondé sur l'argent pourra m'être enlevé, mes convictions et mes projets, jamais. Du moins je l'espère.

* * *

Je suis également convaincu de la nécessité de me séparer de certains bagages, de les rendre plus fonctionnels puisque mon voyage demeure inachevé. Ces bagages m'accompagnent depuis si longtemps que j'ai l'impression qu'ils sont partie intégrante de ma vie et que je ne saurais voyager sans eux. Mais je prends de plus en plus conscience qu'ils sont surtout encombrants. Je ressens le besoin de m'alléger et matériellement et intérieurement, des possessions accumulées, parfois disparates et superflues, et des habitudes qui m'empêchent d'avancer.

Je pense avoir réussi à me débarrasser de certains préjugés et de certains conformismes. Tant les circonstances que mon entourage m'ont aidé en ce sens. Je ne suis plus si sûr de détenir des vérités dont il me faut, au contraire, revoir sans cesse la pertinence.

Dans cette optique, la retraite m'apparaît alors comme la quête d'un certain dépouillement, un retour vers une vie plus simple et plus agréable qui sera à la fois une continuité et une nouveauté. Continuité, parce que je me trouve à soixante-neuf ans fondamentalement le même que j'étais à vingt, trente ou cinquante ans. Nouveauté, parce que je suis beaucoup plus libre de mon avenir, qui demeure en grande partie à improviser et aussi à apprivoiser. L'inconnu m'inquiète moins qu'autrefois; tirant parti des acquis du passé, je saurai certainement trouver les moyens d'aborder et d'assumer l'avenir.

Ainsi, le goût de vivre et de bien vivre persiste plus que jamais. Bien vivre, c'est-à-dire continuer de croître et d'avancer, quelles que soient les circonstances, à coup d'échecs et de succès. Ceux-ci peuvent me laisser complètement désemparé, mais j'ai la conviction qu'ils sont rattachés à l'existence, comme une huître à son rocher, et sculptent un relief fait de bosses et de creux.

Ces conflits intérieurs provoquent bien des larmes mais, comme la mer qui se retire, ils laissent derrière eux un goût de réagir et d'aller de l'avant : « Pour vivre, affirme Comte-Sponville, nous avons besoin de courage, de douceur, de renoncement. La vie est une aventure, elle peut l'être, elle doit l'être [...] Il s'agit de vivre : il s'agit d'avancer, de progresser tant qu'on peut[3]. »

---

[3]   A. COMTE-SPONVILLE, *L'amour la solitude*, Vénissieux, Éd. Paroles d'aube, 1995, p. 134.

CHAPITRE 3

Ce temps libéré

Les mots de Claire

Au tout début de la retraite, le fait de ne plus être soumise aux aléas du travail et de jouir ainsi d'une plus grande autonomie donnait à ma vie une perspective toute nouvelle. Face à cette réalité, j'estimais important de me rapprocher davantage du noyau de mon être profond, afin de mieux cerner mes goûts et de laisser éclore ces aspirations depuis longtemps enfouies. Le travail n'étant plus au cœur de mes activités quotidiennes, je souhaitais que les espaces de temps ainsi dégagés permettent un éclatement de ces possibles qui n'avaient jamais pu s'actualiser et dont je continuais pourtant à rêver.

Par ailleurs, j'avais plus que jamais l'impression que le temps m'échappait, je n'arrivais pas à réaliser tout ce que j'entreprenais ou échafaudais mentalement. Mon rapport au temps devenait trop souvent objet de frustration et je ne parvenais pas à être pleinement satisfaite de la façon dont j'organisais mes journées. Cette situation m'a donc amenée à réfléchir sur l'usage que je faisais du temps et sur les priorités qu'il me fallait établir, si je voulais vivre détendue. J'étais désormais totalement responsable de mon horaire. C'était là un défi de taille pour la personne active que, depuis toujours, j'avais été.

Identifier mes projets de vie

L'expérience de ma première année de retraite m'a permis de constater combien il est facile et agréable de musarder sur les sentiers non balisés de l'école buissonnière, puisque les contraintes sont moins nombreuses qu'autrefois. Mais, au-delà des contingences d'un quotidien auquel nul n'échappe, il m'importait de savoir pour qui et pour quoi je me levais chaque matin. Je n'étais plus devant un choix de carrière, mais devant un choix de vie.

Au fil des années qui ont suivi, j'ai peu à peu repris certains des vieux *patterns* que j'avais abandonnés au début de ma retraite. Des occasions d'action bénévole et de collaboration à des équipes de travail m'étaient présentées. Le désir d'apprendre, de me remettre à l'étude d'une langue, de revoir certaines périodes de l'histoire ou de redécouvrir un auteur, a refait surface. Ayant opté pour diverses activités qui m'attiraient, j'ai dû reprendre mon agenda afin de mieux gérer ce temps qui continuait de s'écouler, comme autrefois, au rythme des jours et des saisons.

Réinventer périodiquement mon horaire, selon les nécessités, les engagements de l'heure et les désirs qui émergeaient, était certes plus stimulant, car j'étais davantage le maître d'œuvre de mon existence. Toutefois, cet exercice comportait, de façon évidente, une certaine part d'insécurité. Dans le cadre professionnel, il pouvait être rassurant de fonctionner selon un horaire déjà convenu. À la retraite, il me fallait faire de nouveaux apprentissages : établir mon propre agenda, évaluer régulièrement dans quelle mesure celui-ci me convenait ou pas et, au besoin, le modifier.

* * *

Oui, la retraite est un temps d'apprentissage sur bien des plans. Il n'est pas toujours simple d'agir de façon telle que mes choix correspondent à mes attentes et à mon désir de respecter un rythme plus doux qu'autrefois. Je réalise qu'il est étonnamment difficile de devenir un peu paresseuse après avoir passé une grande partie de ma vie à la gagner, à « performer », à être attentive aux besoins des autres et souvent à y répondre, quitte à négliger mes propres besoins.

À la suite de quelques jours ou semaines d'agitation intense et d'activités qui laissent peu de place pour la détente et les loisirs, il m'arrive donc de regimber face à des obligations trop nombreuses. Je prends conscience du danger de me laisser emporter par un flot d'activités et de me retrouver avec un agenda digne du temps de ma vie professionnelle.

Parfois, j'ai le sentiment d'être davantage maîtresse de mes horaires, constatant que mes journées sont organisées de manière équilibrée. À d'autres moments, par contre, j'ai l'impression de vivre au cœur d'une spirale, d'être dépassée, voire écrasée par tout ce qu'il y a à faire, à penser, à organiser, à prévoir. Est-ce la peur du vide, de l'inactivité? ou le besoin de me sentir utile? Est-ce donc possible que, même à la retraite, j'en arrive à ne plus me posséder ou à ouvrir l'agenda dix fois par jour, de crainte d'oublier quelque rendez-vous? Comment parvenir à faire l'équilibre entre mes besoins de détente, de lâcher-prise, et mes désirs de partage et d'engagement?

Ces questions demeurent pour moi toujours présentes, alors que je ne travaille plus à l'extérieur depuis cinq ans. Bien des aspirations restent inassouvies. Je suis encore à la recherche de cet équilibre entre monde extérieur et vie intérieure, entre mes besoins de repos, de silence et ce qui me pousse vers des activités sociales et communautaires, entre la fidélité et la présence à mes amis et le désir de me retirer, de me laisser entraîner au cœur d'un bon roman, entre la tentation de me dégager d'obligations choisies et le sens du devoir et de l'entraide qui persisteront sans doute longtemps.

Les retraités : des gens qui ont le temps?

Il arrive que l'on me dise, à moi, retraitée, qu'il n'y a aucun inconvénient à ce que j'attende exagérément dans une file d'attente, à la banque ou chez le médecin puisque moi, j'ai le temps. Pour ceux et celles qui vivent leur vie professionnelle, les retraités sont, semble-t-il, des gens peu pressés. En effet, croit-on, ils n'ont guère d'engagements et rien ne les oblige à se hâter. Cette situation peut être réelle pour les personnes beaucoup plus âgées, mais elle ne l'est certes pas pour un grand nombre de jeunes retraités en forme et désireux de profiter intensément de cette nouvelle étape de la vie.

J'appartiens à cette génération de personnes qui ont eu l'occasion de quitter le travail relativement tôt. Il est vrai que je n'ai plus à me présenter au collège tous les matins à une heure précise. Cela ne signifie pas pour autant que mon temps soit moins précieux que celui d'une personne au travail. Ce que je constate avec plus d'acuité à propos du temps, c'est surtout le fait que j'en ai moins devant moi. Conséquemment, j'en saisis un peu mieux, je crois, le prix et l'importance.

Les années passent. Je continue à me sentir active, en forme, la tête et le cœur débordants de projets. Maintenant, ces vingt ou vingt-cinq ans à venir me paraissent bien courts pour accomplir ce qui bouillonne en moi et ne demande qu'à s'exprimer et à se réaliser. Et puis, des engagements, il y en a encore. Ils ne sont plus aussi astreignants que l'était le travail, mais il m'importe que ma vie soit habitée par des projets, que mes quelques talents continuent à être utiles. C'est ainsi, me semble-t-il, que je pourrai continuer à m'accomplir.

Être retraitée ne signifie pas, pour moi, vivre dans un état d'attente et de farniente à longueur d'année. Cette nouvelle partie de ma vie peut être aussi enrichissante et stimulante que l'ont été les précédentes. Seuls les temps de retrait peuvent me permettre d'apprivoiser ma liberté, d'explorer davantage mes richesses intérieures et de développer un art de vivre qui tienne compte de mes talents et de mes expériences, mais aussi de ce qui est demeuré jusqu'à maintenant inexploité et en friche.

L'instant présent

Il est certain que, tout en étant consciente de la rapidité avec laquelle le sablier s'écoule, il y a lieu de relativiser certaines frustrations liées à la façon dont parfois on « perd » du temps à attendre, dans le quotidien. Je peux profiter de ces moments apparemment perdus pour observer le monde qui m'entoure, lire ce petit livre au fond de mon sac ou, tout bonnement, vivre un moment d'intériorité, méditer et devenir un peu plus patiente...

Yves Prigent affirme encore : « Les grands existants de toutes les civilisations ont choisi de vivre lentement, sobrement, de ne jamais courir, de ne jamais faire deux choses à la fois, d'accepter de perdre du temps, de remplacer l'imagination et la planification du futur ou l'évocation du passé par une présence attentive à la profondeur du présent[4]. »

Je le sais et j'en suis convaincue, l'une des meilleures façons d'être plus heureuse, c'est de savourer cet instant présent, celui qui m'est donné et le seul dont je puisse être certaine. Plongée comme plusieurs dans une plus grande insécurité depuis les attaques terroristes du 11 septembre 2001 et les menaces de guerre omniprésentes, je me rends davantage compte de la précarité de la vie et de mes acquis, tout comme de l'impérieuse nécessité de vivre intensément, de savourer la joie d'être vivante, de disposer d'un toit et du pain quotidien. Je ressens plus vivement encore que tout peut s'écrouler au moment où je m'y attends le moins. En vivant le moment présent, je deviens plus sereine. Je dois souvent me rappeler que seule cette route mène vers une plus grande paix intérieure.

Finalement, l'un des apprentissages les plus importants que j'aie à faire n'est-il pas celui du lâcher-prise! Cela ne signifie pas devenir nonchalante et désinvolte, mais plutôt me libérer peu à peu de ces entraves et de ces tensions qui m'empêchent de profiter agréablement du temps. Cette culpabilité envahissante, cette certitude profonde, inculquée depuis ma petite enfance, qu'il est nécessaire de tout faire et de tout bien faire, cette peur insidieuse de causer de la peine si… d'être moins aimée si… À la longue, ces sentiments sont bien lourds à porter!

* * *

La retraite, à l'instar des étapes précédentes de ma trajectoire, est une période de la vie également dynamique et exigeante. Et tout ce qui touche l'organisation de mon temps, alors que le travail n'en est plus le centre, demeure pour moi une interrogation dont les réponses ne sont jamais ni très précises ni très évidentes. Tant que j'aurai un rythme de vie actif, je devrai, plus fréquemment que jadis, revoir et définir mes priorités, assumer quelques renoncements et me resituer face à certains

---

[4] Y. PRIGENT, *op. cit.*, p. 259.

enjeux individuels ou sociaux. Il me faudra également réévaluer régulièrement dans quelle mesure ma façon de vivre correspond à ce que je crois essentiel de réaliser.

La vie est mouvement, et ce mouvement est d'abord intérieur. Cet équilibre entre extérieur et intérieur est donc à refaire constamment, et je constate l'importance d'y être attentive. Les rythmes varient davantage dans ma vie de retraitée. Des temps de vie active succèdent à des espaces de vie plus contemplatifs que je souhaiterais encore plus nombreux. Ces mouvements se complètent, se nourrissent l'un l'autre. Ils laissent peu de place à la monotonie et permettent que soient davantage présentes l'imagination et la créativité. Et c'est là, il me semble, l'un des atouts majeurs de la retraite.

Perdre mon temps

Quand donc prenons-nous le temps de le perdre? Nous sommes si souvent pressés, car ainsi avons-nous été habitués à vivre : à nous hâter, à ne pas tolérer que la voiture devant nous hésite à tourner le coin ou que le grille-pain tarde à nous rendre une tranche de pain chaude et grillée à point. Oui, il nous faut aller vite, le plus vite possible. Et ne jamais perdre notre temps, le nôtre, plus précieux que celui de quiconque. En réalité, que faisons-nous de ces minutes gagnées?

Parvenus à la retraite, les objectifs changent, les contraintes sont moins nombreuses. Et puis, voilà que nous détenons, entre autres possibilités, celle de pouvoir perdre notre temps.

Que voilà un art nécessitant un apprentissage! Un art allant à l'encontre des habitudes acquises et des impératifs du quotidien, imposés de longue date.

Cet art, il est pourtant tout simple et à ma portée, puisqu'il consiste à réapprendre à savourer l'instant qui passe. Le seul qui m'appartient. Admirer la goutte d'eau sur le géranium en fleurs, le bien-être et la nonchalance du chien qui somnole dans un rayon de soleil, la quiétude de l'automne qui se déploie, l'humble beauté d'une feuille rougissante : autant d'offrandes disponibles au quotidien.

* * *

Ralentir le rythme. Abandonner la rapidité du cavalier chevauchant à vive allure et adopter le pas du lama. Me donner accès à cette liberté qui permet des moments de vie où la perte de temps est admise. Ainsi me sentirai-je plus vivante, davantage centrée sur la beauté de ce qui m'entoure.

Non plus perdre mon temps mais le prendre. Le perdre pour mieux le prendre. Pouvoir sentir le vent sur ma joue, jouir de la trouée du soleil à travers les nuages épais, menaçants, observer l'écureuil qui virevolte, humer le parfum envoûtant du jasmin qui, cette année, a fleuri une seconde fois. J'apprends à prendre mon temps.

Comme il est exigeant de me réapproprier ce que je savais si bien faire lorsque j'étais enfant!

* * *

Je ne gaspille pas le temps; j'essaie de l'utiliser autrement, mettant de côté des obligations désormais si peu essentielles, pour faire place à ce qui l'est vraiment. Malgré les apparences. Car ce qui est important ne se calcule pas, ne fait pas d'éclat et nécessite seulement que j'aie la patience de le découvrir, puis de le savourer. Et peut-être, aussi, de le partager.

Chapitre 4

Savoir choisir

Les mots d'Hubert

Assumer mes contradictions

À la lecture du chapitre précédent écrit par Claire, j'ai été frappé par l'importance que celle-ci attache à la notion d'écoute de soi. « Seuls les temps de retrait, écrit-elle, peuvent me permettre d'apprivoiser ma liberté, d'explorer davantage mes richesses intérieures. »

Comme bon nombre d'aspirants à la retraite, je m'étais fait quelques illusions sur la quantité de temps dont je disposerais en disant adieu à mes activités professionnelles. Trois ans plus tard, les temps libres auxquels j'aspirais ont été, en grande partie, grugés par de nombreux engagements. Cela m'a d'ailleurs valu les encouragements d'autrui : « On savait bien que tu ne resterais pas inoccupé et que la retraite serait pour toi une période d'action et d'implication. »

Action et implication : ce sont certes deux pôles importants de mon existence actuelle. Comment concilier ces pôles avec le projet de transformer le vide créé par le temps libéré en une période à la fois féconde et sereine, active et paisible? C'est là une entreprise relativement ardue, mais à force de balbutiements, de remises en question, de semi-réussites et de petits échecs, je devrais pouvoir m'initier aux délicats rouages d'une existence où l'engagement social et la disponibilité aux autres alterneront avec la détente et les activités diverses.

Ces propos m'amènent à prendre conscience que je me suis rarement écouté. Est-ce la conséquence d'une éducation quelque peu janséniste, qui dénonçait l'écoute de soi comme une complaisance plutôt trouble, source de tentations, voire de mauvaises pensées? Sans doute! À ce propos, on ne manquait jamais, pour m'édifier, de mettre en valeur les personnes dures à la souffrance, qui allaient de l'avant pour s'occuper d'autrui et ne perdaient pas de temps à s'écouter, encore moins à se soucier d'elles-mêmes… En outre, on me citait volontiers en exemple tel ou tel proche dont les résultats scolaires étaient jugés brillants, peu importe si le lauréat pouvait éprouver des souffrances ou de l'insécurité. Les émotions n'étaient pas à l'ordre du jour et n'entraient guère en ligne de compte.

Ces émotions et ces rêves, je les perçois comme un torrent qui risquerait de tout emporter sur son passage. Ce torrent me semble menaçant et je lui résiste, car il m'obligerait à lâcher prise, à cesser de me tenir sur mes gardes pour ne pas aller trop loin. C'est peut-être là un des défis majeurs de mes années à venir : ne plus canaliser ces forces contenues et leur permettre de s'exprimer pour m'amener vers des horizons inconnus.

Je suis convaincu que des moments périodiques de retrait contribueront, en outre, à opérer ce difficile équilibre dont parle Claire, entre le temps présent à savourer et les multiples projets à réaliser. À condition, toutefois, que je sache adopter le pas du flâneur qui hume les senteurs d'automne et, au terme d'une longue randonnée, ressent imperceptiblement une douce impression qui rappelle le bonheur.

Par ailleurs, il me semble qu'un autre équilibre, également bien précaire, doit être continuellement recherché, en particulier lorsqu'il s'agit de départager ma disponibilité aux autres et à moi-même. Je suis bien déterminé à adopter peu à peu de nouvelles dispositions intérieures qui puissent enfin me délivrer de ce perpétuel tiraillement. C'est là un défi fort exigeant que je n'ai jamais pu véritablement relever. Toutefois, je me sens d'autant plus stimulé dans cette entreprise que les années de la retraite, peut-être parce qu'elles s'approchent tout doucement du terme, constituent une occasion exceptionnelle d'apprendre à vivre sans stérile culpabilité ni vains regrets.

C'est pourquoi, une fois de plus (serait-ce enfin la bonne?), je refuse l'idée de couler la suite de mes jours à me sentir coupable. En effet, les années qui me restent à vivre sont trop courtes et donc trop précieuses pour que je les passe en pure perte à me débattre dans d'inutiles atermoiements. J'ai certainement mieux à faire et j'entends pour cela opérer un tri entre les appels et les sollicitations d'autrui. Les autres peuvent m'envahir et empiéter sans scrupule sur des zones qui n'appartiennent qu'à moi, mais ils peuvent également m'exprimer leur soif d'être entendus, d'être aimés.

La réponse à donner n'est pas simple. À moi d'évaluer la situation au meilleur de mon jugement et d'assumer le risque de me tromper, ce qui est très normal. L'erreur a souvent été pour moi une compagne familière et détestée même si, paradoxalement, elle aura été l'un de mes plus sûrs outils d'apprentissage.

Réhabiliter la paresse

J'ai passé une bonne partie de ma vie à vouloir dompter le vieux démon de la paresse qui m'a toujours été pointé, selon les termes du petit catéchisme, comme la mère de tous les vices. Et pourtant, la paresse ne mérite-t-elle pas qu'on fasse un peu son éloge, qu'on la réhabilite même, qu'on la considère enfin, sous certains aspects, comme une vertu salutaire qui pourrait effacer les effets de l'héritage équivoque de tous ces grands principes légués à la naissance?

La retraite ne pourrait-elle pas alors tempérer et adoucir le temps du devoir en y incluant du plaisir, du jeu, de la folie et de la désorganisation créatrice? Également le temps de me laisser aimer et de me laisser gâter? Cela ne m'enlèvera nullement la possibilité d'être accueillant pour les autres. Bien au contraire, car ces derniers bénéficieront beaucoup plus de la présence d'une personne épanouie et détendue que de celle d'un être de devoir, détenteur de la vérité et corseté de principes moraux.

Même affranchi de ces conditionnements de jeunesse, il ne m'est pas facile de mettre en pratique ce que j'écris. Le handicap de n'avoir jamais su dire non, ajouté à la multiplicité des tâches bénévoles qui me sont proposées font que je m'accorde trop peu de ces longues plages de temps génératrices d'une nouvelle dynamique libérée des « il faut » et des « tu devrais ».

Quoi de plus difficile, par exemple, que de savourer un bon et long bain sans penser à rien ou plutôt en laissant monter, en désordre, les idées les plus décousues! Quoi de plus culpabilisant que de commencer à travailler tard le matin parce que le lever a été tardif, la promenade avec le chien, plus longue, et la lecture du journal, plus poussée! Tout cela m'amène souvent à onze heures du matin alors que les honnêtes gens sont à leur poste depuis longtemps déjà et que l'avenir, dit-on, appartient aux lève-tôt!

J'éprouve alors le sentiment lancinant d'être, au fond, un simple paresseux ayant du mal à se débarrasser de réflexes quasi séculaires : honte aux flâneurs de tout acabit, à ceux et celles qui s'attardent indûment à goûter, sans scrupule, chaque instant! Malheur à ceux et celles qui bousculent impunément les sacro-saints horaires et se laissent aller à se détendre et à ne rien faire, alors qu'autour d'eux tout le monde s'affaire.

Et si ces périodes de lâcher-prise étaient plutôt des périodes de vie pleines et intenses laissant affleurer des besoins et des désirs comprimés de longue date par des couches épaisses de principes et d'obligations morales! C'est peut-être là le vrai mouvement de la retraite, plus timide, moins creux que la vague essoufflante des activités reconnues, mais plus créateur et certainement régénérateur. Un mouvement qui n'est pas naturel, qui ne s'impose jamais mais qui recherche de longs moments de silence et de réflexion pour pouvoir se développer à partir d'un regard renouvelé sur le sens de notre existence. Un mouvement qui pourrait alors prendre de l'ampleur jusqu'à mes derniers instants, faisant de moi un éternel curieux, soucieux de redécouvrir la vie.

Transmettre et partager

À mes yeux, l'existence n'aurait guère de sens si je ne pouvais me sentir utile en transmettant ce que je suis, en partageant ce en quoi je crois. C'est un besoin lié à l'essence même de l'être humain, comme l'est celui de devenir un guide, un mentor.

Être un mentor signifie établir une relation non pas d'autorité mais bien d'accompagnateur, voire d'éclaireur. C'est vivre nos convictions et nos valeurs, les défendre et les partager. Trouver avec d'autres de nouvelles façons d'affronter les problèmes du quotidien ou les grands enjeux sociétaux face auxquels nous pouvons toujours exercer un certain pouvoir, si minime soit-il, c'est aussi être un mentor. Pensons à l'homme qui plantait des arbres. Parfaitement conscient qu'il ne les verrait jamais grandir, il se réjouissait à l'avance du frémissement de leur feuillage.

Vivre en cohérence avec mes valeurs et mes choix, être convaincu que moi, comme être humain à part entière, j'ai un rôle à jouer dans ce monde que j'habite, croire que je suis responsable et non seulement dépendant de la volonté des dirigeants, voter, être écologique, actif dans mon quartier ou dans ma paroisse, prendre la parole, demeurer disponible, autant de facettes différentes du mentorat.

Je considère que l'on devrait reconnaître à tout retraité la mission d'être un mentor pour ses proches. Comme l'écrit Renée Houde, dans son ouvrage *Des mentors pour la relève* : « La maturité offre à l'adulte une occasion unique de se préoccuper de la génération montante [...] de laisser sa trace sans faire des duplicata et des copies conformes de ce qu'il est et cela, en permettant à des plus jeunes de devenir eux-mêmes[5]. »

Dans un monde de changements ultrarapides où la vérité d'hier devient aujourd'hui une erreur, nous avons tous besoin d'une stabilité rassurante, représentée par la force tranquille des aînés. À la condition de ne pas nous recroqueviller sur nous-mêmes dans la frileuse expectative de lendemains que nous craignons, nous avons la mission précieuse

---

[5]   R. HOUDE, *Des mentors pour la relève*, Éditions du Méridien, Montréal, 1995, p. 79.

d'aider les plus jeunes à distinguer l'éphémère du permanent, le superficiel de l'essentiel. Dans l'obscurité des temps d'incertitude et même d'angoisse, nous pouvons être comme de petites lumières clignotantes servant de points de repère.

C'est là que réside, à mon sens, toute forme d'épanouissement. Partager nos connaissances et nos expériences de vie, nos succès et nos échecs, nos doutes et nos découvertes. Nous sentir gratifiés autant en recevant qu'en offrant.

Malheureusement, de trop nombreux retraités ne connaissent pas ces gratifications. Je pense, avec une certaine tristesse, à la réflexion désabusée d'une dame âgée faisant remarquer à son entourage qu'elle avait beaucoup de réponses, mais que personne ne lui posait de questions. Quel qu'ait été son comportement par le passé, on ne lui avait sans doute guère donné l'occasion d'être un mentor, de se sentir écoutée et appréciée.

Ce rôle de mentor n'est pas le propre des retraités actifs et en pleine forme. Je souhaite de tout cœur que d'éventuelles maladies, en autant qu'elles n'affectent pas mon intelligence, ne m'empêchent pas de mener une vie féconde et utile ni d'exercer une certaine influence dans mon milieu. J'aurai alors besoin, plus que jamais, de toujours trouver un sens à une existence dont la durée me sera de plus en plus mesurée, en continuant à transmettre et à partager mes convictions. Ce sera ainsi ma principale raison de vivre, qui m'aidera à résister à la tentation de me replier sur moi, de m'arrêter de croître et de penser que mon parcours est virtuellement terminé.

Dieu me préserve de telles conclusions!

Un après-midi de janvier…

Je regarde mes mains. Usées. J'entends Hubert qui pianote à l'ordinateur. Je vois un jeune écureuil passer à vive allure. Deux épingles à linge, seules sur la corde, vestiges d'un été qui fut.

Passent les heures, les jours au cours desquels sont parsemées mille activités. Une trame quotidienne tissée tantôt dans la lumière, tantôt dans la grisaille. Peu de routine. Des projets sans cesse renouvelés, des questions souvent sans réponse, des réflexions, des hésitations, des inquiétudes. Des espérances, confrontées aux réalités de la vie. Des déceptions face à des personnes, à des situations. D'immenses chagrins, de grands désarrois, des joies qui revivifient. Et, dans cette traversée de la vie, de l'amour, de l'amitié qui donnent sens aux petits gestes du quotidien et illuminent les jours de morosité.

La lumière du soleil couchant enveloppe les hortensias séchés sur la commode. Une modeste splendeur qui me touche jusqu'au plus profond. Les peintres, les poètes ont des couleurs, des mots pour traduire leurs émotions face à la beauté. Je souffre de ressentir si fort et d'être sans voix et sans mots pour dire cette beauté presque douloureuse.

* * *

Passent les jours, les semaines. Pourtant, il y a tant de livres à lire, de personnes à rencontrer, d'expériences autres à vivre, de lettres à écrire. Le temps pour soi est morcelé entre les multiples occupations et préoccupations. Et, parfois, envahi par les chagrins. Je me demande alors comment arriver à ne pas m'alourdir de la peine de ceux que j'aime.

Passe la vie. Il n'y a pas en moi le refus de vieillir, mais le sentiment d'être aussi enthousiaste, jeune encore, motivée par tellement de rêves, malgré quelques fatigues.

Un peu naïve peut-être, je suis prête à recommencer, à faire de nouveaux choix. Il y a moins d'années devant, mais demeure l'espoir qu'il y en aura suffisamment pour que prennent forme ces projets encore en friche et pour que j'aie aussi le temps de savourer plus paisiblement les petits bonheurs de la vie.

Contempler un bouquet d'hortensias séchés dans cette douce lumière d'une fin d'après-midi d'hiver, oui, c'est là un bien humble bonheur. Mais il a le mérite d'être vrai et à ma portée.

Chapitre 5

Les liens du cœur

Depuis les temps les plus anciens, notre vie s'écoule et se transforme au fil des pertes et des gains qui jalonnent notre longue marche. Jusqu'à notre dernier souffle, nous serons tous des êtres de chair et de sang, des êtres de désir et de plaisir qui se cherchent et se repoussent, se complètent et se confrontent. Tout au long de la route, nous avançons rarement en solitaires; le plus souvent, nous évoluons au sein de nombreux réseaux, tissés de multiples liens, dont les plus solides et les plus précieux assurent à la cellule familiale toute sa cohésion et à l'amitié, toute sa force.

Ce sont là en quelque sorte des liens du cœur, sans lesquels nous serions condamnés à errer sans fin dans le désert de la solitude affective.

Nous nous sommes entendus tous les deux pour exprimer successivement ce que ces liens éveillent en nos cœurs. Hubert explorera d'abord la cellule familiale, qu'il perçoit avant tout comme un lieu vivant d'échanges affectifs; à sa façon, Claire célébrera ses amis, qui ont toujours tenu dans sa vie une place privilégiée.

* * *

Les mots d'Hubert

Les liens familiaux

En prenant de l'âge et en devenant plus conscient de la nature de l'amitié et des liens affectifs auxquels Claire accorde tant d'importance, je me sens également très exigeant quant à la qualité des relations au sein de la famille, notion à laquelle je n'attache de sens et de valeur que dans la mesure où elle constitue un lieu d'échanges affectifs fréquents et significatifs. Sinon, l'idée même de parenté demeure un concept tout à fait théorique et ne se différencie pas des autres rapports que je puis nouer au quotidien.

Le fait d'avoir des parents communs ne permet pas nécessairement d'établir des relations serrées entre frères et sœurs. D'où la corvée que représente, dans certains cas, la tenue de ces réunions de famille à l'occasion des fêtes de Noël et de fin d'année ou dans d'autres circonstances. Souscrivant de plus ou moins bonne grâce à un rituel parfois très pesant, il arrive que certains n'éprouvent aucun plaisir particulier à se rencontrer, surtout lorsque les occupations et les échelles de valeurs sont différentes, rendant ainsi illusoire toute forme de réelle communication. Pourtant, dans bien des cas, cette communication existe et permet à la famille de demeurer une cellule de vie et d'affection où parents et enfants s'enrichissent mutuellement, se confrontent parfois et s'épaulent, le plus souvent.

À bientôt soixante-dix ans, j'ai la chance de vivre dans un contexte familial qui me nourrit, me transforme et me stimule. Comme dans toute entreprise de relations humaines, maintenir les liens familiaux ne va pas toujours de soi et je tente de les rendre plus vivants et plus présents dans ma vie de tous les jours.

Il y a les enfants

Les nôtres, ce sont deux jeunes femmes qui ont quitté la maison. Tout ce qu'elles vivent continue à nous toucher de très près, bien que nous ayons, comme elles, notre propre existence à mener. Depuis vingt-six ans, elles ont tissé le quotidien de nos vies. Solidaires de nos joies et de nos peines, et aussi de nos différends, elles ont épousé les hauts et les bas de notre vie familiale. Elles ne se sont pas privées de nous taquiner, voire de nous confronter, ce qu'elles continuent d'ailleurs de faire, car elles se sont probablement toujours senties suffisamment à l'aise pour nous exprimer leurs points de vue. Leur enthousiasme et leur spontanéité ont été pour nous (et le sont encore dans une large mesure) de précieux stimulants. Leurs bonheurs, leurs chagrins, leurs questionnements ont été les nôtres, même si nous nous sommes efforcés de leur permettre d'accéder à un maximum d'autonomie.

Aujourd'hui, Catherine et Anne ont pris leur envol, elles se sont frayé leur propre voie. Nous ne tenons pas à intervenir dans leurs choix ni dans leurs projets, mais nous souhaitons, Claire et moi, qu'elles continuent à nous sentir disponibles. Je crois que notre tâche de parents et, je l'espère, de grands-parents se poursuivra, mais ce sera, bien sûr, de façon différente. Il s'agit, comme dans bien d'autres domaines, de chercher à établir un équilibre, souvent précaire, entre une sollicitude très légitime et un risque d'ingérence qui l'est beaucoup moins.

Il y a aussi les parents

Je dois constater qu'en dépit de la distance (ma mère, ma sœur et mes frères demeurant en Europe) une vive affection nous unit. Elle n'est point rationnelle, elle se nourrit de souvenirs d'enfance et de visites occasionnelles. Nous nous écrivons, téléphonons et, à l'occasion, nos filles séjournent dans leur famille lorraine à laquelle elles sont très attachées. Nos nombreux voyages en Europe se sont presque toujours déroulés en fonction de liens familiaux à renforcer. Toutefois, et je le regrette, la distance et des modes de vie différents ne créent pas les conditions optimales pour que des contacts plus étroits puissent se développer davantage.

Cela explique peut-être qu'une partie de ma famille est beaucoup plus présente dans mes souvenirs qu'elle ne l'est dans la réalité. Je pense aux parents qui nous ont quittés, en particulier à mon père dont le calme souriant, l'humour et la bonté demeurent encore tellement présents à mon esprit. Nous avons longtemps vécu séparés l'un de l'autre; nous ne vivions guère de complicités explicites. Les contacts étaient timides et les confidences rares, mais l'affection entre nous, bien que non dite, était réelle. Un clin d'œil et un sourire de sa part en disaient long et me permettaient de vérifier, le temps d'un regard mutuellement affectueux, que je l'aimais et qu'il m'aimait. Une commune pudeur nous empêchait de nous en dire plus long sur le sujet. Par contre, en relisant certaines de ses lettres, je m'aperçois qu'en écrivant il se laissait plus facilement rejoindre par ses émotions. C'est, je pense, le propre de beaucoup d'hommes de sa génération.

Quand j'évoque la présence de ma mère très âgée, le passé resurgit et les souvenirs de la guerre reviennent à ma mémoire. Je lui suis reconnaissant de s'être occupé de moi et de mes frères du mieux qu'elle pouvait, mais il lui a fallu agir seule, mon père ayant été, pendant six ans, prisonnier en Allemagne. Enfin, je ne puis m'empêcher de rappeler le souvenir de mon grand-père qui, dans les circonstances, fut pour moi le meilleur substitut paternel qui soit.

J'ai encore bien vivant dans ma mémoire le cadre de ma petite enfance avant la Deuxième Guerre mondiale : milieu choyé, vie dénuée de soucis apparents, parents affectueux, grands-parents très présents. Le cadre idéal pour que se développent les germes d'une vie sereine et équilibrée. Mais les confidences s'y faisaient rares, les connivences explicites n'existaient point, les peines demeuraient contenues et les convenances nous servaient de code de conduite. L'idéal était d'être sage, bien élevé et de réussir sur le plan scolaire. Je n'osais ni ne savais partager tout ce que je ressentais : on ne m'avait jamais appris à le faire, sans doute parce qu'on l'ignorait.

* * *

Aujourd'hui, cinquante ans plus tard, en pensant à ma famille d'outre-mer, je me réjouis de la solidité des liens qui se maintiennent. La distance n'a pas nui à des affections qui, dans bien des cas, sont demeurées très vives.

C'est pour moi un bonheur certain de me sentir accueilli et reconnu lorsque je retourne en mon pays d'origine. Je suis l'un des leurs. Cette double appartenance à des milieux français et québécois constitue un privilège, même si je n'arrive pas à me défaire d'un certain sentiment de déracinement, lié à mon arrivée au Québec, il y a quarante ans.

Ce déracinement, je le vis encore d'une certaine façon. Lorsque je suis en France, au milieu des miens ou au contact d'amis demeurés fidèles, je m'y sens bien, car ce sont mes racines profondes que je retrouve là-bas. Une vieille photo, le souvenir d'une balade en forêt dans les Vosges, la rencontre fortuite d'un vieil ami d'enfance me rappellent une appartenance qui ne demande qu'à se réactualiser. Mais lorsqu'à l'occasion on me demande si je ne songe pas un jour à retourner en France, je réponds spontanément que, mes racines toutes neuves étant maintenant ici au Québec, il n'est pas question que je retourne m'établir là-bas, si ce n'est quelques semaines par an, notamment pour pallier la rigueur et surtout la longueur de l'hiver.

Je dois cependant admettre que cette situation n'est pas toujours simple. Je pense souvent à ma mère, dont l'état de santé requiert la présence régulière d'une aide à domicile. Comme dans bien des familles, c'est ma sœur qui doit adapter son rythme de vie à celui de notre mère et qui, de plus, assume la responsabilité de lui procurer les soins et les services nécessaires. Au moment où ses six enfants sont pratiquement élevés, elle devient la mère de sa mère. Mes frères se relaient régulièrement pour la seconder, mais je souffre de me sentir si éloigné et de ne pouvoir ainsi faire ma part. Je songe à effectuer un séjour de quelques semaines auprès d'elle, mais ma mère demeure très réticente à l'idée de, selon son expression, « me séparer de Claire ».

* * *

Je prends de plus en plus conscience que le Québec est devenu ma nouvelle patrie, celle où je souhaite mourir. Je me suis souvent interrogé sur le lieu de ma sépulture : dans le caveau familial du cimetière du petit village de Rehainviller, au cœur de cette Lorraine profonde, meurtrie par des guerres successives, toute en contrastes entre les doux vallonnements et la rudesse des sombres forêts marqués par des siècles d'histoire et d'invasions?

Ce que je désire, en fait, c'est être enterré en cette terre du Québec que j'aime profondément, où j'ai fait souche. J'ai pu participer à son histoire, à ses élans, à ses quêtes d'identité, à ses contradictions et à ses interrogations. Je me sens heureux d'avoir été accueilli ici et de posséder ainsi deux cultures, tout en trouvant cette situation par moments inconfortable. Car je dois souvent m'expliquer sur un accent, une manière de m'exprimer. Après quarante ans de séjour, je me suis fait récemment demander « si je m'habituais bien ici »!

* * *

Un des plus beaux cadeaux de mon existence fut sans doute de découvrir, trop longtemps après mon arrivée au Québec, une nouvelle famille. Je pense en particulier aux parents de Claire. En prenant conscience qu'aujourd'hui j'ai l'âge qu'avait mon beau-père au moment où je l'ai connu, je puis mesurer l'extrême rapidité du temps qui s'écoule. Je me rappelle aussi ma belle-mère qui m'a laissé le souvenir très vivant d'une femme enthousiaste, souriante et un brin taquine, grâce à laquelle je compris très vite qu'une belle-famille peut être aussi une famille. Claire me parle souvent de sa mère qui lui demeure tellement présente et avec laquelle elle se sentirait aujourd'hui encore plus complice qu'elle ne l'a jamais été. Elle saisit davantage certaines de ses attitudes d'antan, elle comprend mieux ses inquiétudes, qui lui semblaient alors excessives et, surtout, elle souhaiterait pouvoir lui confier ses peines et ses joies, sentant qu'elle serait comprise.

Quant au père de Claire, c'était alors un jeune septuagénaire vif et curieux de tout découvrir, riche d'une longue expérience qui n'avait entamé en rien la fraîcheur d'un esprit d'enfance, demeuré intact. Tous les deux nous ont quittés, mais aujourd'hui encore, il m'arrive très fréquemment de penser à eux et d'imaginer les remarques ou les suggestions qu'ils pourraient me faire en telle ou telle circonstance. Mon beau-père ne manquerait pas de commenter l'actualité avec sa clairvoyance habituelle, alors qu'avec ma belle-mère nous profiterions volontiers des petits plaisirs de la vie quotidienne, dont ceux d'essayer une nouvelle recette ou de jouer une partie de scrabble.

* * *

Ainsi, je perçois ma famille, qu'elle soit d'un côté ou de l'autre de l'océan, comme un bien précieux. L'idée même de pouvoir en tout temps compter sur l'affection inconditionnelle des uns et des autres, quelles que soient les circonstances de ma vie, représente une force et un soutien qui me rendent, je crois, plus serein et plus confiant.

* * *

Les mots de Claire

Les liens de l'amitié

Même s'ils sont mis à mal par les circonstances, ou parfois par nos comportements, nous sentons que les liens privilégiés que nous entretenons avec notre famille et nos amis véhiculent soit nos incompréhensions et nos malentendus soit, plus souvent, nos élans d'affection et de solidarité. Ces deux réseaux humains sont, pour la plupart d'entre nous, au cœur de notre vie; ils en constituent la trame et donnent tout son sens à notre cheminement.

On le sait, on le dit : notre famille, on ne la choisit pas, mais nos amis, oui. Il est vrai que c'est un grand privilège de pouvoir décider, dès l'enfance, quelles seront ces personnes, à l'extérieur du cadre familial, avec lesquelles peu à peu nous construirons et vivrons des complicités, passagères ou permanentes.

L'amitié, c'est en quelque sorte une famille élargie, celle qui nous permet d'avoir accès à d'autres horizons, de découvrir des parentés d'âmes belles et stimulantes, de mieux nous situer face à notre famille d'origine. Elle nous donne aussi l'occasion de laisser libre cours à ce mouvement qui nous pousse tantôt vers l'autre, tantôt vers le retrait solitaire dont nous ressentons tous, plus ou moins souvent, la nécessité.

* * *

Aujourd'hui, à l'âge de la retraite, je me sais toujours aussi ouverte et disposée à l'amitié et je réalise combien mes amis sont précieux. Ils sont au cœur de ma vie, une part essentielle de mon univers et cela même si plusieurs d'entre eux, d'entre elles, vivent au loin. J'ai la chance de vivre des amitiés vieilles de quarante ans, alors que d'autres sont toutes jeunes, encore balbutiantes.

Ces amitiés peuvent s'exprimer de bien des façons : selon les personnes, l'endroit où elles vivent et leur disponibilité. C'est une carte venant d'un lointain pays, un coup de fil inattendu, un pot de confitures accompagné de la recette, une invitation à la campagne, des soucis et des pleurs partagés, des rires et des rêves vécus dans la complicité.

Mes quelques vrais amis, je désire avant tout qu'ils sentent ma présence, qu'ils sachent ce que je deviens, tout comme j'aime savoir ce qu'ils vivent d'heureux, d'inconfortable, d'inquiétant, de difficile ou de joyeux. Ce sont des personnes dont je me préoccupe, à qui je fais signe assez régulièrement et dont je sens l'intérêt pour ce que je vis afin que, de part et d'autre, nos liens soient vivifiants. Je partage avec elles certains coins de mon jardin intérieur et, selon les jours et les circonstances, ce peut être les coins d'ombre ou les aspects les plus ensoleillés.

Tomber en amitié

Nous « tombons en amour », mais avons-nous déjà songé que nous pouvions aussi « tomber en amitié »? Cela peut sembler plus prosaïque, mais le processus de rencontre avec quelqu'un chez qui nous sentons un potentiel d'amitié réciproque est tout aussi dynamique. Et beau.

Tomber en amitié se fait à tout âge et, comme dans l'amour, c'est une joie qui s'installe progressivement, au fur et à mesure que s'établissent cette solidarité et cette confiance nécessaires à toute vraie amitié. D'ailleurs, il m'arrive de me demander si le mot ami n'est pas trop souvent galvaudé. Il semble que l'on confonde aisément les mots copain et ami. Ami, un mot qui devrait être d'appellation réservée et contrôlée pour ces quelques personnes dans notre vie qui sont de véritables complices, avec qui les échanges se font dans la transparence, qui nous aiment et nous respectent suffisamment pour nous accepter tels que nous sommes.

* * *

Tout comme il arrive que des amours se brisent et meurent, il en est de même de l'amitié. Lorsque je jette un regard sur toutes ces années passées, de la petite école jusqu'à aujourd'hui, je me rappelle tous ces amis qui ont été là, à une période donnée de ma vie, et qui ne sont plus présents. Nous avons partagé des rêves et des idéaux communs à une certaine époque et, parfois pour des raisons circonstancielles ou parce que ces connivences jadis partagées dans la ferveur se sont estompées, nous sommes repartis, chacun de notre côté. Nos chemins se sont croisés, puis ils ont bifurqué, laissant d'heureux souvenirs, mais aussi des regrets et, peut-être, le sentiment de ne pas avoir su garder vivante une amitié pourtant belle.

Nous pouvons divorcer d'amitié et non sans quelque tristesse, car une amitié qui se brise, c'est de l'amour en moins. Pour ma part, je regrette que certaines de mes amitiés se soient dissoutes dans le silence car, comme dans l'amour, une rupture d'amitié, même douloureuse, devrait pouvoir se vivre sans ambiguïté. Ces départs sans explication m'ont interrogée chaque fois que s'est éteinte une amitié. Je n'ai pu alors m'empêcher de me demander si je n'avais pas été coupable de quelque indélicatesse ou si je n'avais pas manqué de compassion ou de compréhension face à ce que vivait cet ami. Des deuils d'amitié qui se sont faits plus difficilement, faute d'avoir pu vivre la rupture de façon éclairée.

D'autres amis sont venus, de nouveaux liens se sont peu à peu créés, alors que demeurent ceux et celles que nous appelons les amis de toujours. Cette réalité me permet d'assumer les tristesses dues à l'absence et de continuer ainsi à vivre au milieu d'un réseau de personnes significatives, dont les origines, les expériences et les champs d'action sont habituellement fort variés. Mais c'est cette diversité et cette polyvalence possibles en amitié qui la rendent d'autant plus précieuse et tellement importante dans ma vie.

L'amitié à la retraite

Tout au long de la vie professionnelle, les contacts régulièrement entretenus avec nos collègues de travail, le partage au quotidien de nos perceptions et de nos interrogations peuvent contribuer, en partie, à assouvir nos besoins relationnels. Dans ce cadre de vie, des amitiés peuvent naître, liées au fait que nous partageons les mêmes préoccupations et souvent les mêmes enthousiasmes.

Puis survient la retraite. Il nous importe alors, plus que jamais, de savoir que nous pouvons compter sur nos amis. Le travail n'est plus au centre de notre vie, mais nos besoins relationnels n'en demeurent pas moins tout aussi vivants. Notre nouvel itinéraire est à redéfinir, à modifier, et je sais combien il peut être insécurisant de ne plus pouvoir s'appuyer sur les balises plus stables de jadis. Nous ressentons ce besoin mutuel d'être accompagnés le long d'un parcours qui s'annonce bien différent de tout ce que nous avons connu jusqu'à maintenant. Échanger avec des amis, qu'ils soient du même âge, plus jeunes ou plus âgés, peut nous aider à apprivoiser et à mieux assumer cette étape de vie. Chacun à sa façon peut être un guide, un confident, nous permettant de nous ressourcer, de nous remettre en question ou, tout bonnement, de vivre des temps de loisirs et de détente.

* * *

Les échanges avec les amis de mon âge se font aisément, puisque nous en sommes à un niveau d'expérience comparable. Nous voici parvenus à cette étape particulière de la vie qu'est la retraite. Nous éprouvons les mêmes appréhensions face au vieillissement et nous apprenons progressivement à vivre autrement, puisque les enfants sont partis ou sur le point de le faire. Nos repères se ressemblent car nous appartenons à la même génération et nous avons vécu une évolution culturelle, religieuse et sociale souvent identique. Si nous avons des enfants, ils sont à peu près du même âge et nous vivons des situations similaires : leurs succès ou leurs difficultés, leurs projets d'avenir, leurs joies et leurs déceptions amoureuses, leurs réalisations, etc. C'est là un terreau fertile d'échanges, d'entraide ou d'apprentissages; l'ami nous permet de découvrir et, ainsi, de mieux apprécier les nouveaux paysages intérieurs qui se dessinent.

* * *

Parmi mes amis, j'ai la chance d'en compter quelques-uns plus âgés que moi. Grâce à mes aînés, je me sens mieux accompagnée sur cette voie qu'ils ont jadis empruntée. Ils sont des phares bienveillants et, sans jouer les protecteurs, ils pourront m'interpeller ou me faire voir des points de vue insoupçonnés, puisqu'ils ont une longueur d'avance sur moi. Près d'eux, j'apprends à apprivoiser les pertes progressives liées au vieillissement.

Au contact de ces amis, je constate également que vieillir n'est pas si terrible. À soixante-quinze ou quatre-vingts ans nous continuons à faire des projets, à en réaliser certains et surtout à demeurer aussi alertes, vifs et intéressés à apprendre et à remettre en question qu'à trente ou quarante ans. Chez quelques-uns de ces amis, je ressens une plus grande sécurité intérieure; non pas que l'angoisse, les questionnements ou les inquiétudes liées au futur, le leur et celui du monde ou de leurs proches, ne soient plus présents. Mais leur vision de la réalité est plus apaisante. Sans doute parce qu'au fil de tous ces âges de la vie jadis traversés ils ont compris l'importance de départager l'essentiel de l'accessoire.

Voilà pourquoi je sens que plusieurs de mes vieux amis, parvenus sur l'autre versant de l'existence, sont à la fois des points d'appui et de référence. Ce sont des guides plus expérimentés et il est réconfortant de sentir leur présence et leur regard bienveillant.

* * *

Il y a enfin ces amis dont je suis l'aînée, mes jeunes amis, encore dans le feu de l'action, vivant avec intensité et foi leurs divers engagements et impliqués dans leur vie professionnelle, quelle qu'elle soit. Ces amis me gardent en contact avec la réalité quotidienne de ceux et celles qui continuent à gagner leur vie, à élever leurs enfants. Ils remettent en question certaines approches ou attitudes qui les heurtent dans leur vécu professionnel, ils me tiennent au courant de ce qui se vit dans leurs différentes sphères de travail. Ils échangent avec moi sur leurs expériences de parents à temps plein et me rappellent qu'il n'y a pas si longtemps je cumulais une double tâche que j'assumais au quotidien, pas toujours consciente du fait qu'alors, je vivais des années tellement fructueuses et enrichissantes.

Je dis maintenant à ces amis ce que j'aurais aimé entendre plus souvent lorsque je souhaitais voir mes enfants grandir au plus vite et les semestres se terminer rapidement. Je les enjoins de profiter de chaque moment de cette vie active et pleine, de jouir de chaque âge de la vie de leurs enfants. La route me paraissait bien longue lorsque nous avons commencé à élever les nôtres. Après coup, j'ai pris conscience, non sans une certaine nostalgie, que ce temps de vie m'avait filé entre les doigts. Et que s'en étaient allées ces années où le cœur de la maison battait à plein régime et que des pas furtifs d'enfant venaient nous signaler qu'il était l'heure de nous lever alors qu'il n'était que sept heures, un samedi matin d'hiver.

Des amis aux multiples visages

Je me sens au cœur d'un réseau où palpite la vie sous toutes ses formes. Chacun de mes amis possède sa propre trajectoire; l'un vivra un jour une grande joie, le lendemain, une inquiétude ou une angoisse dont il voudra faire part. Puis ce sera une amie aux prises avec la maladie, la solitude, et dont la famille habite loin. Lorsque l'amitié est réelle, nous mettons en commun ce qui est au cœur de la vie et nous nous aidons mutuellement à porter notre baluchon, surtout lorsqu'il se fait plus lourd.

Davantage qu'autrefois, je réalise combien mon rapport au monde se définit à travers ces différents réseaux auxquels j'appartiens. Assise seule, à ma table de travail, je pense à mes amis-collègues du collège. Ils continuent au quotidien à diffuser leurs connaissances et à partager leurs expériences avec tous ces étudiants désireux d'apprendre.

Je pense à Julie, en Nouvelle-Zélande. Elle vit l'effervescence du printemps alors qu'ici on se prépare à traverser l'hiver. À Hélène, à Paris. Depuis tant d'années, elle continue à se battre contre le cancer sans jamais perdre espoir et s'apitoyer sur elle-même. À Elena, cette grande dame de paix. Malgré tout, elle persiste à vivre dans l'espérance d'un monde meilleur et purifié. À May, qui saurait mieux que moi parler d'amitié et qui sait la vivre avec tellement d'intensité et d'authenticité. À Guy, en qui je reconnais une grande lucidité, un humour original et une ouverture d'esprit stimulante. J'oublie alors son très grand âge et sa cécité presque complète. À Cécile, une pro de l'amitié. Pour elle amitié veut dire délicatesse, douceur, chaleur.

Tous ces amis et amies auxquels je pense, je pourrais les nommer, les décrire chacun avec les richesses qui leur sont propres. Selon le temps du jour et ma symphonie intérieure, je partage avec l'un ou l'autre ce que nous lisons, ce que nous vivons, ce qui nous fait rêver, nous inquiète, nous anime ou nous attriste. Ces moments d'amitié me permettent de vivre des temps forts d'humanité, d'avancer dans la vie en me sachant accompagnée et accompagnatrice.

L'attente…

Cette petite journée grise d'hiver se traîne. Le ciel est bas. L'horizon semble fermé. L'absence de verdure et de couleurs rend l'ambiance austère. J'attends que vienne la nuit, afin de me retrouver dans la douceur bienveillante des éclairages tamisés.

Oui, c'est le creux de l'hiver qui me rappelle le Carême et la tristesse de certaines journées d'enfance au pensionnat. Là, c'était ma vie qui était en attente et je rêvais de cette liberté qui me donnerait accès à la vraie vie, celle des grandes, que j'enviais.

Et puis l'âge d'être grande est arrivé. Un métier en main, des responsabilités professionnelles à assumer. Un appartement à payer, à meubler, une vie à mener. Tout en me débattant avec les démons du passé et en soignant les quelques blessures de l'enfance encore mal cicatrisées.

L'amour est venu, les enfants aussi. La vie de famille, le boulot, les amis, les divers engagements. Je menais ma vie de grande. Sans toujours prendre conscience que j'en étais au cœur, alors que les années s'écoulaient à un rythme effréné. Toujours en attente. Des premières dents, des premiers pas, de l'arrivée à la maternelle, des fins de semaine, des vacances d'été. Les rentrées scolaires se succédaient, les cycles se terminaient. Et un bon jour, une enfant s'est envolée. Puis ce fut le tour de la seconde.

* * *

Et la vie a passé. Les années à la retraite se conjuguent déjà au pluriel. Au rythme des cheveux blancs et des deuils à faire. Celui des parents, de quelques amis partis trop tôt. Le deuil d'une maison qui ne retentit plus des éclats de rire et des pleurs de celles qui l'ont habitée pendant une vingtaine d'hivers. Des deuils qui me préparent à vivre les suivants, encore plus difficiles, dont celui de ma vie qui, un jour, s'achèvera.

Et maintenant, de quoi se nourrit mon attente? Qu'une nouvelle génération prenne le pas sur l'autre. Que reviennent les jours ensoleillés et fleuris. Que s'apaise mon cœur.

Ma vie de grande, je l'ai vécue. Et chaque fois que je passe devant le pensionnat, j'ai un souvenir attendri pour cette petite fille qui ne pouvait entrevoir ce qui l'attendait au-delà des murs du couvent. Elle rêvait de liberté, de pays à découvrir, de mari à aimer, d'enfants à choyer et de monde à sauver. Et elle attendait.

Aujourd'hui, je lui donne la main et je lui dis : « Ta vie de grande, elle est encore là. Il y a près de toi un mari à aimer, des enfants à choyer et toujours un monde à sauver. »

CHAPITRE 6

La retraite en mouvement

Les mots d'Hubert

Il fut un temps où je ne pensais guère à me retirer car, nécessité faisant loi, je me devais de me concentrer sur les tâches présentes, ne serait-ce que pour contribuer à faire bouillir la marmite. Tout allait de soi et je ne m'attardais pas vraiment à réfléchir aux orientations de mon existence. Cela peut sembler paradoxal, alors que je me suis occupé des aînés une grande partie de ma vie pour ensuite inciter des étudiants âgés à préparer soigneusement leur retraite. Je me comparais à ces prêtres jadis chargés des sessions de préparation au mariage. Ils parlaient savamment mais, de par leur état de célibat, ils ne pouvaient réellement vivre les préceptes qu'ils enseignaient. Il en était de même pour moi qui me situais à l'extérieur de ce que j'enseignais. Mes activités suivaient donc leur cours, toujours variées, en général fort intéressantes, à défaut d'être lucratives.

Le privilège de changer de cap

Malgré ce que j'avais pu professer sur la retraite, je nourrissais bien des illusions sur la nature de ce parcours que j'imaginais alors linéaire et sans grandes surprises. Je dois dire, cependant, que je ne voulais nullement passer mon temps à me détendre et à me distraire, car le désir de me sentir utile à autrui continuait à m'habiter.

Nul doute que je percevais avec moins d'acuité qu'aujourd'hui l'importance de pouvoir changer de cap à tout moment et d'utiliser, selon les termes du généticien Albert Jacquart, « le privilège de bifurquer ». Ce privilège, je le définirais ainsi : la possibilité, en tout temps, de mettre la clef sous la porte et de réaliser des projets inédits auxquels je n'avais jamais songé jusque-là, de ne jamais tenir pour acquis que l'aventure est derrière moi. L'avenir, c'est moi qui le façonnerai et lui donnerai tout le relief nécessaire. Peu importe mon âge, je ne puis accepter d'être raisonnable, car je veux affronter cette insécurité qui me poussera à emprunter de nouvelles avenues. Voilà le privilège que je considère comme l'un des plus importants de la retraite.

Je souhaite (et je crains en même temps) les changements de cap à la fois mobilisateurs et insécurisants. Mais cette insécurité engendre la vie qui, sans cesse, nous incite à emprunter de nouvelles avenues. En ce sens, Abraham demeure pour moi le grand initiateur de ces détours salutaires : il lui a fallu, à un âge avancé, quitter sa terre familiale pour explorer, à la tête de son peuple, des régions inconnues.

En vieillissant, je désire pouvoir conserver et même développer cet esprit d'adaptation et d'imagination au jour le jour. Cela me permettra de ne pas me laisser submerger par ce que l'avenir peut receler de menaçant, particulièrement dans le contexte mondial actuel. Ces perspectives m'inquiètent, mais sans m'effrayer outre mesure, car elles n'entameront jamais le capital de relations humaines bâti au fil des ans. Ce capital m'aidera, je l'espère, à évoluer et à me transformer au rythme des années à venir.

Néanmoins, les questionnements demeurent. Une journée apporte son lot de confiance et d'espérance, une autre me tire vers l'arrière, là où logent les vieux démons de la désespérance, qui m'amènent à douter de moi et de mes capacités. Dès que j'aperçois le sommet de la montagne, je sais que le précipice est toujours très près. Lorsque je me sens fort et invincible, c'est que le doute n'est pas loin.

Ainsi va l'existence, me semble-t-il, et le « qui fait l'ange, fait la bête » de Pascal ne m'a jamais autant paru d'actualité.

Un temps de croissance

Ainsi, en dépit des interrogations qu'elle provoque en moi, de l'instabilité qu'elle génère, je considère que la retraite, à l'instar des autres étapes de l'existence, demeure un temps d'adaptation et de croissance sur tous les plans. Un temps de re-création beaucoup plus que de simple récréation. Le propre de l'être humain n'est-il pas de se redécouvrir sans cesse, de se renouveler, de se remettre en question jusqu'à son dernier souffle?

En fait, il n'y a pas de terme plus impropre que le mot « retraite » pour qualifier ce temps de transformation, de risques, de revers et de progrès. Jadis, à la fin du XIXᵉ siècle, au moment où elle a été officiellement institutionnalisée, cette période de la vie désignait uniquement une allocation monétaire offerte aux travailleurs incapables de poursuivre leur tâche. En agissant ainsi, les gouvernements d'alors ne couraient guère de grands risques, les travailleurs ayant le bon goût de trépasser assez rapidement…

Pour ma part, j'ai toujours pensé et professé que la vie était d'abord une continuité et qu'au fil de l'âge je devais persister à progresser, malgré d'éventuels accidents de santé. Ainsi, chaque nouvel an, lorsque des parents, amis ou connaissances me souhaitent une bonne santé, je me sens, bien sûr, très touché par ces marques d'intérêt et d'affection. À la réflexion, je me dis que c'est effectivement l'essentiel, mais qu'il est également vital d'entretenir mes talents, d'accueillir autrui, de caresser des rêves et ce, quelles que soient les circonstances.

Peut-être tiendrai-je un langage différent si, un jour, je devais cesser d'être en bonne santé. Je ne puis que désirer, dans ce cas, continuer à progresser et à trouver un sens à mon existence. Je connais des personnes au corps meurtri, et j'en côtoie un certain nombre, qui sont des êtres de foi et de courage, de paix et de passion. Restreints dans leurs mouvements, limités dans leurs horizons, brisés par les innombrables fractures d'une existence devenue rabougrie et sans intérêt apparent, certains d'entre eux progressent dans la voie raboteuse des projets et des réalisations.

J'aimerais de tout cœur leur ressembler, m'en inspirer. Ils sont, je crois, des mentors auxquels je pourrai toujours avoir accès. Grâce à eux, je nourris l'illusion, que d'aucuns qualifieront d'insensée, de me rire des épreuves et des revers pour poursuivre jusqu'à la fin un cheminement malhabile mais continu.

Je perçois ainsi la vie que je mène aujourd'hui comme une continuité par rapport à autrefois, mais Dieu qu'il m'est ardu de modifier en profondeur certains comportements, façonnés de longue date par le rôle professionnel et social qui a été le mien! La longue habitude d'avoir eu, depuis si longtemps, des matières à enseigner et des opinions à professer m'a progressivement amené à la réflexion et à l'écriture, à partir de théories que j'avais peu à peu intégrées. Cela n'a pas manqué, au fil du temps, de faire refluer les émotions vers des zones maintenant plus difficiles à atteindre.

C'est là que se situe le défi majeur de cette vie en mouvement qu'est pour moi la retraite : cesser de m'exprimer en termes de concepts et de préceptes et être plus attentif aux chemins du cœur.

* * *

Comme pour quiconque, les revers ne m'ont point été ménagés. Certains risques se sont soldés par des échecs. Pourtant, je demeure convaincu que je suis davantage aguerri contre les conséquences éventuellement fâcheuses des décisions que j'ai pu prendre, car j'ai eu la preuve que les difficultés vécues dans le passé ont généralement pu être surmontées.

Je sais maintenant que j'ai moins à perdre, moins à prouver, tant aux autres qu'à moi-même. De plus, si je m'exprime spontanément dans le sens du respect et de la tolérance, je devrais pouvoir continuer à exercer autour de moi une certaine influence.

C'est sans doute la forme la plus légitime d'un pouvoir vers lequel nous tendons tous ou presque. Un pouvoir que je qualifierais de pauvre, qui n'écrase pas, qui ne se possède pas, car ce sont les autres qui seuls, à notre contact, peuvent nous l'accorder. Un pouvoir nécessairement éphémère, car il repose sur la fragile concordance des cœurs et des esprits.

Poursuivre les remises en question

Dans ma vie de retraite, même si je suis loin de toujours leur accorder l'importance nécessaire, les temps d'arrêt sont peut-être les plus féconds, car ils m'incitent à réfléchir sur des situations que je trouve parfois fort déstabilisantes. Je prends, par exemple, mon incapacité à corriger les situations d'injustice qui sont légion autour de moi et je me demande comment dépasser ce sentiment d'impuissance et de frustration, notamment face aux guerres qui ravagent la planète. Que faire, à mon échelon, pour donner un peu de bonheur et d'espérance autour de moi?

Je ne puis agir comme si ces situations n'existaient pas, mais je ne peux non plus les changer. Est-il possible d'être heureux quand tant d'autres ne le sont pas? Je crains de ne jamais pouvoir résoudre ce dilemme ni répondre une fois pour toutes à l'éternelle question de ma contribution à une amélioration du sort de ceux et celles qui m'entourent.

Certains retraités placent leur solidarité sur le front de la revendication et du combat pour le mieux-être des populations ou des groupes laissés-pour-compte. D'autres militent dans le même sens, mais sur d'autres plans, en s'impliquant alors par la plume, par le biais des médias, en se préoccupant de leurs voisins immédiats ou encore en se rendant disponibles à leur entourage, à leurs amis ou à tous ceux qui peuvent avoir besoin d'eux. Beaucoup, enfin, choisissent de vaquer tout simplement à leur existence quotidienne.

En ce qui me concerne, malgré de longues années d'intervention, directe ou non, au service des aînés, je conclus aujourd'hui à un certain essoufflement. Je ne sens pas pour autant que ma fibre sociale se soit tarie, mais il m'arrive parfois de croire que l'avenir est derrière moi. J'ai parfois du mal à résister à la pression ambiante qui présente souvent la retraite et la vieillesse uniquement comme un temps de détente, de repos, de vacances et, plus tard, de maladies ou de handicaps.

Dois-je admettre que les passions qui m'animaient n'ont plus la flamboyance d'antan ou même qu'elles se sont momentanément, voire définitivement, assoupies? Peut-être n'étaient-elles simplement que la forme la plus spectaculaire des élans de jeunesse. Peut-être, au contraire, couvent-elles sous les cendres pour resurgir, toujours présentes mais plus discrètes!

Ces passions ne se réanimeront jamais sur commande, même au prix des efforts de volonté les plus soutenus. Elles pourront toutefois prendre des formes différentes, marquées à la fois par une acceptation plus sereine de mes limites et par une plus grande confiance en mes possibilités.

Je me dis aussi que si je n'avance pas, c'est peut-être que je ne prends pas suffisamment de risques. Pourtant, je suis profondément convaincu que le risque, qu'il soit perçu comme menaçant ou stimulant, comme un accroc à la prudence ou une incitation à aller de l'avant, est aussi vital que le sont le vivre et le couvert.

La barre sera haute car les difficultés, les épreuves, les doutes et les interrogations ne s'évanouiront pas comme par magie. Ils sont partie intégrante de ma vie et c'est à partir des erreurs, des succès, des découvertes qui continuent à ponctuer les hauts et les bas de mon quotidien que j'entends réfléchir sur les orientations de mon existence, au-delà des activités qui en constituent la trame.

J'ai conscience de me situer à un carrefour important de ma vie. Je devrai savoir, à l'occasion, me retirer (et ce serait peut-être là le vrai sens du mot retraite), ne serait-ce que pour favoriser l'émergence de nouveaux projets. Je souhaite de tout cœur que ceux-ci se réalisent. Je ne voudrais pas que l'âge ou la fatigue soient un frein irrémédiable à la découverte ou à la création. Je désire que mon dernier souffle s'éteigne sur une œuvre en cours, quelle que soit sa nature. Dussé-je m'en tenir à des brouillons, ceux qui me suivront les mettront, je l'espère, au propre.

La limite des certitudes

Je me rends compte que l'âge me permet d'exprimer mes opinions avec davantage d'assurance. Je possède enfin les clefs de quelques réponses et je serais fort étonné d'avoir à remettre en question certaines certitudes auxquelles j'ai mis presque une existence à accéder.

Je sais, entre autres, que chaque personne est unique et importante, au même titre que les êtres les plus célèbres et les plus puissants. Je sais aussi que je ne puis progresser qu'en écoutant et en m'interrogeant. Si la vérité se découvre pas à pas, elle ne se possède jamais.

Il me faut toujours garder à l'esprit le fait que tout être humain est en recherche, quelles que soient les circonstances de sa vie. Faute de quoi il demeurera statique, fossilisé dans des convictions immuables, tout en brandissant le poids de ses acquis. Quel infaillible moyen de faire le vide autour de soi!

Mon expérience, je suis convaincu que je ne la transmettrai jamais intégralement aux autres. Tout au plus ce seront eux qui, s'ils le veulent bien, pourront s'en inspirer, à condition que je leur demeure disponible et accueillant. Je ne pourrai guère mesurer l'influence que j'exerce, mais j'aurai au moins la conscience d'avoir semé.

Je veux continuer d'apprendre et de découvrir, de me surprendre et de surprendre mes proches, de m'inventer une vie nouvelle car, pour reprendre l'exclamation d'une femme de quatre-vingt-onze ans, « j'ai tout l'avenir devant moi »!

En pensant à cette vieille dame, je voudrais faire un saut dans le futur et, dès maintenant, exprimer ce que j'aimerais écrire dans vingt ou trente ans : « Aujourd'hui, jour de mes quatre-vingt-treize ans, je ne désire plus vraiment rien pour moi, le bonheur de ceux et celles qui m'entourent me suffit. Les vagues de l'agitation quotidienne viennent doucement mourir sur mes rives intérieures. Ce que je pourrais acquérir, je le possède déjà; et ce que je ne possède pas, je n'en ai nul besoin. »

Soixante ans, déjà!

J'ai maintenant soixante ans bien sonnés. Je ne suis plus très jeune, mais je ne suis pas, non plus, vraiment vieille. L'âge, c'est relatif, dit-on. Mais j'ai cet âge; il est le mien et ce nombre d'années accumulées indique simplement où j'en suis dans mon parcours.

J'accepte ma soixantaine et je n'hésite jamais à dire que je suis née un été 42. Pour les jeunes de quinze ou vingt ans, ces années du milieu du siècle dernier sont celles d'une lointaine époque. Peut-être davantage depuis que nous avons franchi le seuil du XXIe siècle. Pour eux, soixante ans, c'est presque l'autre bout de la vie, alors que pour mes amis de soixante-quinze ou quatre-vingts ans je suis tout de même relativement jeune.

* * *

Oui, je me sens jeune. Et pourtant, les hivers froids et tellement enneigés de mon enfance gaspésienne sont si loin derrière moi. Hier encore, me semble-t-il, je berçais mes enfants, m'émouvant devant leurs premiers pas, leurs premiers balbutiements.

J'ai l'air jeune. On me le dit et je veux bien le croire. Je suis enthousiaste et alerte comme il y a dix ou vingt ans. Mais je sais qu'avoir soixante ans, c'est me fatiguer un peu plus vite, me sentir moins souple et m'en rendre compte lorsque je dois aller chercher une casserole au fond du placard. C'est aussi éprouver la limite de ma résistance quand une soirée se prolonge et admettre que deux verres de vin suffisent, alors qu'auparavant on vidait aisément une bouteille à deux!

Je suis un peu vieille... Et, comme dans toute trajectoire humaine, j'ai accumulé des connaissances, des expériences; je me suis frottée aux rudesses de la vie, mais j'en ai aussi connu les douceurs. J'ai vécu tantôt dans la tristesse et l'inquiétude, tantôt en pleine lumière et dans la sécurité réconfortante de l'amour et de l'amitié.

* * *

Oui, toutes ces années ont passé. Depuis quelques mois, je suis une femme de soixante ans. Un cap qu'il m'a fallu franchir, comme toutes ces dizaines jadis célébrées. Je suis une femme un peu vieille et, à l'occasion de cette soixantaine, j'ai ressenti le besoin d'avoir près de moi ceux et celles qui m'ont précédée, afin qu'ils éclairent la route de la vieillesse toute proche. À mon tour, j'aimerais donner la main à ceux et celles qui me suivent, afin qu'ils se sentent accompagnés lorsqu'ils atteindront, eux aussi, l'autre versant.

Déjà soixante ans. Que sont devenues toutes ces années derrière moi? Le temps a filé si vite. Je souhaite vivre intensément mes soixante ans et profiter ainsi de ce temps de vie où, malgré tout, je me sens un tout petit peu jeune…

CHAPITRE 7

Une quête de sens qui se poursuit

La recherche de sens de notre existence demeure une quête perpétuelle sans laquelle nos enjeux risquent de demeurer stériles et sans objet. De tout temps, l'être humain s'est posé cette éternelle question : pour quelles raisons vivons-nous et poursuivons-nous notre marche?

Dès le début de ce livre, cette problématique est apparue à plusieurs reprises en filigrane. Nous nous proposons maintenant de partager avec le lecteur nos interrogations et nos réflexions sur quelques thèmes liés à la quête de sens.

Ces questionnements, nous les sentons spécifiques à chacun de nous deux, selon la sensibilité qui nous est propre. Ainsi, à tour de rôle, nous réfléchirons et nous exprimerons sur ce qui constitue le centre de notre destinée de femme et d'homme.

* * *

Les mots de Claire

Re-définir l'essentiel

Ce matin, je lisais Christian Bobin et je me suis attardée à ses propos sur la mort. « Si les gens savaient réellement qu'ils allaient mourir, écrit-il, ils nous inviteraient chez eux pour manger, parleraient à des inconnus, ouvriraient leur porte à des étrangers, partageraient avec eux parole et nourriture[6]. »

---

[6]   C. BOBIN, *La lumière du monde*, Paris, Éditions Gallimard, 2001, p. 124.

Je le sais, un jour ma vie s'achèvera. Parvenue à la retraite alors que je me dirige à pas plus rapides, semble-t-il, vers la fin de mon existence, je tente moi aussi d'occulter cette réalité. Ou, à tout le moins, de me persuader que l'échéance en est encore lointaine parce que j'ai la chance d'être en bonne santé, que j'ai des projets plein la tête et, autour de moi, des êtres auxquels je suis tellement attachée! Si je devenais viscéralement consciente de cette fin inéluctable, saurais-je rectifier ma trajectoire? Et partager davantage, tel que le suggère Bobin?

Ainsi en est-il, pourtant, de ces êtres atteints d'une maladie dont l'issue est fatale et imminente et qui profitent tout à fait différemment de ce temps de vie qui leur est mesuré. Parce qu'ils savent avec plus de certitude que leurs jours sont comptés, ils en apprécient mieux le prix.

Lorsque l'un de ces malades vit une rémission plus ou moins prolongée, on sait qu'il pose alors un regard différent sur la vie, étant plus conscient de sa fragilité. Il accorde de l'attention à l'essentiel au lieu de gaspiller ses énergies à des peccadilles ou à des situations qu'il aurait, jadis, jugées fort importantes.

Quel est-il pour moi cet essentiel, alors qu'il n'y a plus cette nécessité de gagner ma vie et d'éduquer mes enfants? Longtemps, j'ai été happée par l'agitation d'une vie active que connaît toute mère au travail. Aujourd'hui, ce tourbillon est encore assez présent, plusieurs tâches ou engagements continuant à me mobiliser. Peut-être est-ce la crainte d'aller à ma rencontre, dans une plus grande solitude, et de vivre ce calme auquel j'aspire. Question de tempérament, également. Peu à peu, mon emploi du temps de retraitée s'est construit autour d'activités choisies, comme si je ressentais une certaine urgence de vivre et de réaliser tant de rêves demeurés en friche.

La question du sens de la vie, de ma vie en particulier, continue à se poser, néanmoins. Quel est mon propos, maintenant, à l'aube de la soixantaine? Accorder du temps à des tâches bénévoles, soutenir nos filles lorsqu'il est approprié sinon agréable de le faire, partager avec Hubert et mes amis des moments de complicité, de détente et d'entraide, élaborer des projets de voyage et les réaliser, apprendre… Tels sont, en vrac, les axes autour desquels se tisse, au quotidien, la trame de ma vie actuelle. Et ces axes prennent du relief et de la tonalité dans la mesure où, à travers ces occupations, je sais qu'il y a place pour ces petits bonheurs, attendus ou imprévus, qui ajoutent à la vie saveur et lumière.

* * *

C'est dans mes relations avec mes semblables que ma vie trouve également tout son sens. « Nul n'est une île », disait le moine Thomas Merton. Et, que je le veuille ou non, je suis liée à cet univers qui m'entoure, je fais partie intégrante de cette multitude en marche avec qui je peux partager. Partage de nos difficultés et de nos erreurs, de nos espoirs et de nos inquiétudes, de nos projets et de nos rêves, de nos connaissances et de nos avoirs. Aider l'autre, lorsque nécessaire, à porter un fardeau trop lourd, comme il pourra, à l'occasion, alléger le mien. Tendre la main, maintenir les liens qui nous unissent afin qu'ils continuent à être vivifiants : autant de raisons qui me motivent, au lever, à mettre un pied devant l'autre et à croire qu'il vaut toujours autant la peine, quel que soit l'âge, d'être activement présente dans ce monde si chaotique.

Il m'importe encore de persister dans ce désir réel, mais peut-être illusoire, de polir certains aspects plus ombrageux de mon tempérament. De continuer à découvrir, à m'extasier devant la beauté. De compatir avec ceux et celles qui se sont perdus le long de la route, de m'élever contre la laideur, la mesquinerie, les injustices.

Oui, je crois, à soixante ans, que les idéaux de mes vingt ans sont tout aussi légitimes et réalistes. Sans ces idéaux et ces rêves, ne risquerais-je pas de mal vieillir, c'est-à-dire de me diriger vers la fin de ma vie sans enthousiasme parce que sans but? Ainsi, il m'apparaît primordial de me sentir encore utile, en posant de toutes petites pierres là où c'est possible, afin que s'adoucisse le parcours de ceux et celles qui peinent. Et tout cela, en croyant qu'il y aura, par la suite, une vie meilleure et plus juste.

Me savoir impuissante

Les médias nous le rappellent constamment, des millions d'êtres humains, un peu partout dans le monde, meurent de faim ou tentent désespérément de s'accrocher à la vie. Il y a aussi ces peuples si nombreux, vivant en état de guerre quasi permanent et pour qui vivre veut dire survivre.

Pourquoi et pour qui persistent-ils à vivre envers et contre tout? Pourquoi continuent-ils à mettre des enfants au monde dans un pays hostile ou sur une terre ingrate? Pour se prolonger, sans doute, ou peut-être parce que ces femmes, ces hommes croient ou espèrent que l'avenir de leur descendance sera meilleur que leur vie présente.

Ces questions réelles, lancinantes, ne cessent de me hanter. Pour moi, et probablement pour la plupart d'entre nous qui vivons dans des conditions de vie privilégiées, il est difficile de porter le poids de tant de misères qui nous dépassent, nous anéantissent. Je me sens et me sais tellement désarmée lorsque je suis témoin en direct de situations humaines intolérables. Trop souvent, après avoir ressenti compassion et impuissance à la fois, je retourne à mes activités, continuant à vivre au rythme de ces trois repas quotidiens toujours disponibles pour la bien nantie que je suis.

Ces situations de guerre et de famine ne sont plus les seules à nous interroger. En terminant une lecture sur la vie et l'œuvre de Théodore Monod, ce grand humaniste contemporain, j'ai été, une fois de plus, interpellée par le sort inquiétant de la planète[7]. Les problèmes, évoqués sans complaisance par Monod, sont immenses. Et ils s'alourdissent au fur et à mesure que certains gouvernements, dont ceux d'Amérique du Nord, préfèrent tenir compte des intérêts économiques plutôt que de commencer enfin à prendre soin de cette terre déjà si mal en point.

Me voici confrontée à ma révolte et à mon impuissance et fortement tentée de mettre en veilleuse ces questions environnementales dont nous sommes les victimes, mais dont les générations futures souffriront

---

[7]   T. Monod, *Révérence à la vie*, Paris, Éditions Grasset, 1999.

encore davantage. Pourquoi ne pas poursuivre mon chemin dans un cadre de vie apparemment à l'abri de ces menaces écologiques? Puisque je n'y puis rien, ne vaut-il pas mieux oublier?

Malgré tant de raisons de désespérer je persiste à croire que, au fur et à mesure que continuera à s'élever le niveau de conscience individuel et social, les politiques environnementales deviendront plus drastiques. Pourvu qu'il ne soit pas alors trop tard!

Je lis les journaux qui nous relatent avec plus ou moins d'objectivité ce qui ne tourne pas rond sur la planète. Oui, ça va mal. Mais de tous temps, les êtres humains ont aimé, partagé, construit des cathédrales et œuvré à repousser les limites du génie humain. Aujourd'hui encore, l'humanité est capable de réalisations exceptionnelles, dans les domaines les plus variés. Tout comme ces gestes d'amour désintéressés, souvent faits dans l'ombre, nous rappellent la bonté de milliers d'hommes et de femmes de bonne volonté, qui non seulement veulent, mais agissent. Ce ne sont pas des actions d'éclat qui font la manchette, mais ces petites ondes de choc bienfaisantes soutiennent ma confiance. Et retraitée ou pas, je ne puis béatement profiter de ce temps de vie sans me sentir concernée par les souffrances et les violences vécues ici ou ailleurs.

Il y a les guerres des autres, il y a aussi les miennes...

Il y a ces guerres lointaines dont je me dissocie trop aisément puisqu'elles ne me concernent pas. Depuis toujours, les hommes se sont battus, ils ont cherché à étendre leur territoire fût-ce au détriment de leurs voisins. Ils ont fait des révolutions parfois bénéfiques, désiré posséder davantage et manifesté racisme, rancune et rivalité. L'observatrice que je suis persiste à soutenir qu'il serait possible de s'entendre et de négocier au lieu d'appuyer si rapidement sur la gâchette.

Et pourtant, toutes ces guerres qui sévissent me rappellent mes propres guerres vécues sur un territoire bien connu, le mien. Car, près de moi, vivent des êtres avec lesquels j'ai du mal à m'entendre parce qu'ils sont trop différents de moi. Nos points de vue s'opposent et deviennent inconciliables. Grande est mon incompréhension et je peux pressentir qu'il en est de même pour l'autre. Chacun est certain d'avoir raison et d'être dans son bon droit. Le plus souvent, il s'agit de divergences qui n'ont pas d'impacts profonds sur ma vie, mais je constate combien il peut m'être parfois difficile d'arriver à respecter un point de vue autre que le mien et de le faire dans le non-jugement. Je sais que, si je désire retrouver progressivement la paix intérieure ébranlée par des attitudes ou des comportements extérieurs qui m'ont heurtée, je dois à tout prix manifester plus de tolérance et d'ouverture.

Lorsque je vis de telles situations, je m'explique mieux comment des tribus, des peuples en arrivent à ne plus s'entendre et expriment cette absence de compréhension mutuelle avec haine et violence. Un coup en suscite un autre et la colère face à celui qui attaque s'intensifie au rythme des agressions. Nous en sommes les témoins muets tous les jours.

Tout comme je suis témoin et actrice de mes petites guerres au quotidien, les seules sur lesquelles je peux exercer du pouvoir. Il n'en tient qu'à moi de m'excuser si j'ai conscience d'avoir blessé l'autre. Dans la mesure où celui-ci accueille ces excuses, je puis reconstruire un terrain d'entente viable avec cette personne qui, pour des raisons qui n'appartiennent qu'à elle, réagit d'une façon pour moi difficile à admettre ou n'arrive pas à épouser la validité de mon point de vue ou moi du sien.

À ce propos, Fernando Pessoa affirme : « L'homme doué d'une sensibilité juste et d'une raison droite, s'il se préoccupe du mal et de l'injustice dans le monde, cherche tout naturellement à les corriger, d'abord dans ce qui le touche de plus près, c'est-à-dire lui-même[8]. » Pessoa nous propose ici une tâche humble et cachée, mais à laquelle j'acquiesce non sans me rappeler qu'il y aura toujours en moi des zones d'ombre qu'il me faudra continuer d'apprivoiser et d'accepter. Ainsi je pourrai, je crois, devenir plus tolérante envers les limites d'autrui et agir de façon

---

[8] F. PESSOA, *Le livre de l'intranquillité*, Christian Bourgeois, éditeur, 1999, p. 181.

telle que cessent ces dynamiques qui risquent de constamment ramener de nouveaux affrontements. Faire la paix à l'intérieur et avec mon entourage : un objectif à poursuivre. Et les êtres pacifiés qu'il m'arrive de croiser me signalent, probablement sans le savoir, que là réside peut-être ce vrai sens à donner à ma vie.

* * *

Les mots d'Hubert

Ce passé toujours présent

Claire a très spontanément exprimé ce qu'il importait pour elle de vivre à cette étape de son existence. À mon tour, je voudrais simplement partager quelques convictions et certains questionnements sur le sens de ces années qui, je l'espère, me seront accordées.

Curieusement, quand je pense au trajet que je dois emprunter, je n'ai pas envie de regarder devant moi mais plutôt derrière. C'est une route que je connais bien, elle est donc plus rassurante. Je puis facilement en reconnaître les ornières mais aussi les virages ensoleillés. Il m'est plus facile de me référer aux principales étapes de mon passé en en examinant à loisir les aspects les plus positifs comme les côtés les plus sombres.

Les plus beaux moments n'ont pas été marqués par des réalisations particulièrement exceptionnelles ni par quelque succès spectaculaire, mais par un double sentiment : celui très doux et très fort de m'être senti aimé et reconnu à ma valeur et celui, non moins gratifiant, d'avoir contribué au bonheur de telle ou telle personne. Ce double sentiment, je souhaite qu'il renaisse très souvent et même qu'il imprègne la majeure partie de mes journées : aimer, être aimé, aider, être aidé. Je me pose moins la question de « quoi faire » que celle de « qui être » et, surtout, dans quel contexte « être ». Je voudrais mesurer l'importance que revêt toute rencontre, même la plus anodine en apparence, et me laisser atteindre par le moindre sourire.

Utopie que tout cela? Sans doute, mais mon rêve d'homme déjà vieux est justement de jongler avec ces utopies avant qu'il ne soit trop tard, pour éviter le stérile « si j'avais su ». Mon rêve est aussi de multiplier ces temps de grâce que constituent un repas partagé, un voyage à deux, une petite sortie, lorsque sont au rendez-vous sourire, bien-être, humour et fantaisie.

* * *

Ainsi, si je repense à mon passé, je me souviens d'un séjour à l'hôpital qui m'a valu de Claire et des enfants des moments d'affection très intenses. Je me sentais alors le plus heureux des hommes et je rendais grâce à la maladie de m'avoir offert ce cadeau extraordinaire. J'ai pu constater que les passages les plus difficiles n'excluaient nullement le bonheur de ressentir une présence aimante.

Ce bonheur, je le désire de façon presque permanente. Surtout pour conjurer mes peurs et aussi pour m'aider à composer avec mes regrets et mes échecs. Une telle attitude peut paraître étonnante, à presque soixante-dix ans; ce n'est ni très dynamique ni très positif, mais voilà ce que je ressens.

J'ai conscience d'être partagé, pour ne pas dire déchiré, entre deux sentiments : la satisfaction d'avoir pu relever bon nombre de défis et le regret de les avoir parfois relevés très imparfaitement. Néanmoins, il serait vain de m'enfermer dans cet état d'esprit. Nous sommes condamnés à être imparfaits; cela nous permet, sans doute, d'être plus humains et rend nos enjeux plus réalistes.

Comme Claire, je me sens également écartelé, et il me semble que cela s'accentue avec l'âge, entre un sentiment de bonheur personnel, né de petits bonheurs accumulés, et la conscience de l'immense détresse qui étreint l'humanité et la tourmente à l'infini, l'horreur de tant de guerres, des cohortes de réfugiés, des enfants esclaves, des hommes violents et des femmes violées. Comment vivre heureux lorsque l'on veut se sentir solidaire de tant d'êtres écrasés?

Miser sur l'espérance

Et pourtant, en dépit de tant d'inquiétudes, je crois aujourd'hui plus que jamais à l'espérance. La « petite fille espérance », comme l'appelait Charles Péguy, celle qui se terre dans l'ombre, faible et tremblante mais encore bien vivante. Pourquoi ai-je la conviction qu'elle ne mourra jamais, cette petite fille espérance, cette enfant aux yeux hagards qui ne voit que la mort autour d'elle? Je ne possède aucune garantie que la vie l'emportera; je ne serai jamais sûr que le petit bulbe enfoui à l'automne fleurira après l'hiver.

Il me faut vivre avec ces incertitudes qui donnent à l'espérance tout son sens, d'autant plus que, chaque jour ou presque, de petits événements anodins raffermissent ma confiance. C'est la visite imprévue d'une amie que nous retenons à souper et qui change le cours de notre soirée. C'est aussi cette vieille dame rencontrée à un arrêt d'autobus et qui, en regardant notre gros chien, trouve le temps de me dire qu'elle aimerait bien, elle aussi, avoir un animal, mais que ce n'est pas autorisé dans son immeuble. Cela lui permettrait pourtant de trouver le temps moins long car elle est toute seule, ses enfants sont loin et elle ne connaît plus personne. Elle me parle comme à quelqu'un qu'elle aurait connu de longue date. Elle me conte ses rêves, ses déceptions. Puis l'autobus arrive. Rideau. La scène s'achève, la vieille dame disparaît. Elle a eu le temps de s'ouvrir à moi comme à un ami. Je bénis la vie qui ne cesse de m'offrir de tels fragments de bonheur.

Je crois qu'ils sont providentiels ces échanges impromptus, particulièrement en cette fin d'après-midi de notre existence, là où les teintes sont plus douces et plus propices à un regard intérieur sur nous-mêmes, un regard qui se reflétera sans doute sur les autres, plus vrai et plus indulgent. Ce serait extraordinaire si ce regard demeurait neuf chaque matin, neuf et toujours étonné de retrouver l'aube qui ne se lasse jamais de nous apporter la clarté.

Une clarté née de la conviction que toutes mes réalisations passées sont relativement secondaires par rapport à mes convictions actuelles. Ainsi, ce qui compte, ce ne sont pas tellement les tâches auxquelles je me suis adonné, mais l'état dans lequel je me trouve une fois qu'elles ont été accomplies. Si je demeure nostalgique et passéiste, je n'irai pas loin. Si, au contraire, je regarde l'avenir avec confiance et que je vois les années devant moi comme les plus importantes, j'accumule les meilleurs atouts pour la poursuite du voyage.

Dieu : qui est-il donc?

Les années présentes et à venir revêtent une dimension spirituelle qui m'apparaît aujourd'hui beaucoup plus claire, encore qu'il soit malaisé d'en délimiter précisément les contours; un tel domaine demeure par essence rebelle à toute définition. L'idée même de spiritualité fait référence à l'esprit, à l'intelligence et à la morale, par opposition au domaine matériel. Elle fait appel le plus souvent à l'idée d'un Dieu, nié par un grand nombre, mais considéré par les uns comme le moteur ou le principe de l'humanité et par les autres, comme un père ou un frère. C'est ce dernier angle qui me touche le plus, parce qu'il évoque des accents de tendresse et d'affection qui m'atteignent profondément.

Cette tendresse et cette compassion me semblent totalement étrangères à cette espèce d'entité qu'on affuble trop souvent du nom de Dieu. Cette fausse représentation justifie de plus en plus de crimes d'intolérance et de haine. Ces femmes traitées avec une grossière discrimination et quotidiennement persécutées au nom de « Dieu », ces enfants fanatisés dès le berceau, ces personnes mutilées parce qu'elles ont volé et que Dieu n'aime pas les voleurs, tout cela constitue un immense blasphème collectif et une gigantesque insulte à la notion même de divinité.

Au cours des siècles et aujourd'hui plus que jamais, qu'ils appartiennent à l'Occident dit chrétien ou encore à l'Islam conquérant, ce sont des êtres humains qui ont forgé, à coup de persécutions, d'inquisition et de bûchers, ce Dieu sans entrailles qu'invoquent *ad nauseam* les assoiffés du pouvoir de tous les temps.

Le Dieu qui me rejoint demeure petit et impuissant. Je me demande s'il n'a pas mal quand nous souffrons, s'il ne se réjouit pas quand nous sommes heureux. Mais j'ai l'impression qu'il demeure tellement discret dans l'ombre qu'il est très facile de l'oublier.

Dieu ne se mêle pas d'arbitrer nos conflits ni de prodiguer ses faveurs au gré de sa fantaisie. Ne nous aime-t-il pas beaucoup trop pour intervenir directement dans notre vie? Ce Dieu ne se lasse-t-il pas à la longue des innombrables demandes qui lui sont adressées? On serait fatigué à beaucoup moins! On a trop déformé l'idée même de prière au point de la réduire, le plus souvent, à un immense catalogue de supplications, alors que Dieu s'attend peut-être à ce que nous nous entretenions simplement avec lui de sujets importants, mais aussi de tout et de rien, comme nous le ferions avec un ami très cher.

Cet ami je le cherche, souvent dans le noir; je me dis bien des fois qu'il est trop discret à mon goût, « peu jasant », absent quand j'ai besoin de lui. Certes je ne lui consacre que peu de temps, je l'entretiens rarement de mes peines et de mes joies et je demeure très timide à son endroit, comme si les échanges avec Dieu devaient nécessairement se dérouler sur un mode solennel et austère. Je sais qu'il ne me forcera jamais la main, mais j'éprouve encore de la difficulté à me sentir à l'aise avec lui, à prier à ses côtés, à me pénétrer de sa réalité. Peut-être qu'au moment de mon dernier souffle je saurai le retrouver.

En attendant, que signifie sa présence? Comment se manifeste-t-elle? J'en suis réduit à des interprétations. Quand un ami me confie sa peine ou bien sa joie, j'imagine que Dieu n'est sans doute pas très loin. Quand, en voyage, un inconnu fait un détour pour nous remettre sur la voie ou qu'une vieille femme, rencontrée par hasard, nous offre spontanément du vin et des gâteaux, le divin est proche. Cette femme, nous ne la reverrons sans doute jamais, mais son sourire et son affection m'enveloppent encore.

La grande inconnue

L'affirmation devient banale, tant elle a été répétée, même si personne n'a tellement envie de l'approfondir : la mort est notre seule certitude. Naguère, nos ancêtres s'en étaient fait une compagne toujours redoutée, mais présente et hideusement familière. Puis, paradoxalement, en notre période d'holocauste de masse, elle est devenue un tabou. Nous réussissons presque à l'évacuer de notre quotidien et nous confions à des spécialistes le soin d'organiser fort efficacement le départ de nos proches et même le nôtre.

Personnellement, j'échappe mal à ce déni de la mort. Toutefois, au fil des ans, j'ai peu à peu admis qu'il me fallait aborder de front la perspective de quitter un jour les miens. La mort ne m'apparaît pas familière pour autant, mais elle est aujourd'hui pour moi une incitation à tout faire pour mieux vivre. Je la vois comme une sorte de clignotant qui m'enverrait toujours le même message : « Tu sais fort bien que je suis là, très présente, alors profite du temps qui te reste pour que ta route soit la plus belle possible. »

L'être qui sent venir sa fin s'efforce de vivre en harmonie avec ses proches, avec lui-même, avec la nature. D'instinct, il pressent ce qui est vrai, ce qui est profond. Il donne aux événements leur juste dimension, il évacue peu à peu tout ce qui ressemblerait à de la rancune ou à de la mesquinerie. Il devient accueillant et chaleureux, il se moque des qu'en dira-t-on, il voit clairement le bout de la route.

Pourquoi en serait-il autrement pour moi? Pourquoi différer ce long apprentissage vers une disponibilité et une sécurité plus grandes? Je suis convaincu que l'âge pourra accroître en moi cette capacité de discerner l'accessoire de l'essentiel, de me sentir assez fort pour accueillir les autres, quels que soient les différends qui nous opposent. Finis le temps des performances et le stress qu'elles engendrent, le temps de la compétition (qu'ai-je donc à me prouver?), le temps des énervements et des impatiences. J'espère arriver à me débarrasser de mes vieux oripeaux accumulés au fil des ans, car je sais qu'ils ne me sont d'aucune utilité. Au contraire, ils alourdissent ma marche à un moment où il me faut être léger et disponible.

Je crois que c'est finalement là une invitation à vivre et à bien vivre que me renvoie l'idée de mourir : faire en moi un beau ménage pour être prêt, le moment venu, afin que le dernier passage soit réussi. Vivre des passions nouvelles centrées sur ce qui est beau et vrai. Me dépouiller de mes laideurs d'antan. Dire aux gens autour de moi que je les aime, que j'apprécie leur côté soleil (de leur côté ombre, ils sont assez convaincus).

Fuir, autant que possible, le bruit, la fureur et l'agitation, l'illusion factice des modes et des conventions. Tout cela n'est que du vent. Ne rien regretter, tout regret est stérile, mais agir en sorte que j'aie le moins de regrets possibles. Remercier les autres pour tout ce qu'ils m'apportent. Ainsi, ils se sentiront élevés et amenés à s'aimer davantage. Tisser autour de moi un réseau d'affection si dense que les miasmes du mal ne puissent le pénétrer. Le mal rôdera toujours, mais il ne m'atteindra jamais en profondeur si moi-même je me laisse toucher par la beauté des êtres sur mon chemin.

Ce chemin appelé Compostelle

Chemin d'humanité où, sur ces milliers de kilomètres, sans cesse défilent, sac au dos et bourdon à la main, des pèlerins en quête de sens et d'absolu.

Drailles et chemins creux, voies de transhumance millénaires, sentiers rocailleux et discrets sous-bois, pentes abruptes et routes de crêtes où l'horizon s'offre à moi si généreusement.

Chemin de tous les espoirs mais aussi de doutes et de désespérance, lorsque le brouillard s'épaissit et que les balises paraissent absentes ou invisibles pour le cœur.

Vignes aux ceps noueux et vallons qui ondulent, chapelle solitaire où je me sens accueillie, attendue, tendre soleil de mai ou bise aigre d'automne, tout me parle de vie.

Chemin de toutes les patiences, avec moi, avec l'autre. Et aussi parce que la pluie ne semble plus vouloir s'arrêter et le gîte, toujours s'éloigner.

Routes infinies où chaque pas peut devenir souffrance, chaque paysage éblouissant, chaque plateau joie et soulagement.

Chemin de toutes ces fatigues alors que le sac devient si lourd et les pieds, tellement meurtris.

Lieux de rencontres et de partage avec ces femmes et ces hommes, eux aussi à la recherche d'une vie plus intensément vécue.

Chemin de vie me rappelant, dans ce pays qui n'est pas le mien, que je suis toujours pèlerine, ici et dans mon quotidien de citadine.

Je porte mon sac, mes années et ma fatigue, mon passé et mes projets, mes rêves de maintenant et de demain. Et je marche, et je marche…

CHAPITRE 8

Et maintenant?

Et maintenant? C'est la question que nous nous posons tous les deux.

La question de notre avenir dans une maison devenue grande, maintenant que nous y vivons seuls. La question de notre autonomie, de nos relations, de nos projets et, surtout, la grande interrogation qui habite notre esprit : qu'est-ce que vieillir?

Comme nous l'avons déjà fait, nous nous exprimerons à tour de rôle, tantôt sur des thèmes qui nous sont communs, tantôt sur des sujets qui correspondent davantage à notre sensibilité propre.

* * *

Les mots d'Hubert

Jadis, pour moi, la tentation aurait été forte de commencer ce chapitre en émettant simplement des idées et des réflexions sur les différents thèmes du vieillissement, comme je l'ai toujours fait lors de la rédaction d'ouvrages précédents.

Les vieux réflexes d'enseigner, de professer, de transmettre des idées, de théoriser ont encore tendance à prendre le pas sur une expression plus spontanée de mes émotions. Je me suis longtemps imaginé que les lecteurs étaient beaucoup plus intéressés à mieux connaître les caractéristiques du vieillissement que mes états d'âme et mes questionnements sur le sujet. Je suis aujourd'hui persuadé qu'un partage de mon vécu risque d'être aussi bien reçu, voire mieux, qu'un ensemble de préceptes didactiques, si appropriés soient-ils.

Éloge de la vieillesse

« Tu ne parais pas ton âge, tu n'es pas vieux! » Ces remarques qui me sont fréquemment adressées partent de l'intention la plus sympathique qui soit, à savoir me convaincre que je n'ai pas encore atteint cette phase de déclin généralement associée à la vieillesse. Des poètes, des écrivains l'ont bien ressenti. Jacques Brel : « Mourir, cela n'est rien [...] mais vieillir… ô vieillir! » Romain Gary : « Au-delà de cette limite, vos billets ne sont plus valables… » L'écrivain faisait allusion, dans le titre de l'un de ses livres, à cette inscription destinée aux voyageurs sortant du métro parisien.

Pourtant, ce sentiment d'un certain déclin, je le vis tous les jours. Déclin physique surtout : le souffle se fait plus court, le pas plus lourd, la peau davantage flétrie et la silhouette plus trapue. Mon âge, je l'accepte, non sans peine, car je trouve qu'il rend mal compte de toute la vitalité intérieure que je puis ressentir. Socialement, je suis étiqueté comme vieux et j'ai peine à accepter cette distorsion entre ma propre perception et celle des autres. En outre, je trouve fort impressionnant de n'avoir plus, statistiquement parlant, que vingt ans à vivre.

Le terme se rapproche, la cassette se dévide en accéléré et, lorsque j'y pense, la conscience d'avoir accompli les quatre cinquièmes du trajet me donne un peu froid dans le dos. À la lecture des avis de décès dans les journaux, je remarque que bon nombre de sexagénaires nous ont quittés et la perspective de mourir ne peut évidemment pas me plaire. Je ne dois pas être le seul dans cet état d'esprit.

Toutefois, je reste sensible à l'aspect prometteur des années à venir qui, j'en suis certain, me permettront de relever quelques défis. J'en ignore la nature, mais je me sens enthousiaste, un peu comme à vingt ans, lorsque je voulais changer le monde…

Parfois, je m'insurge : pourquoi tout l'aspect positif du vieil âge est-il sans cesse associé à la jeunesse? Jeunes de cœur, jeunes d'esprit, dit-on souvent en évoquant certains retraités demeurés actifs et dynamiques. Pourquoi la vieillesse ne serait-elle pas en soi un temps d'ouverture, d'apprentissage et de disponibilité, sans être obligée d'aller chercher ses lettres de noblesse dans les autres saisons de la vie? La notion même de vieillissement m'apparaît victime de cette perception linéaire de l'existence qui, fixant l'ascension au début et la déchéance à la fin, a tendance à dénier à ceux qui sont vieux toute capacité de vivre actifs et de progresser. Innombrables pourtant sont les êtres très âgés qui, en dépit d'une condition physique souvent précaire, diffusent autour d'eux le sentiment précieux d'une apaisante sérénité et font de leur vieillissement une nouvelle étape de croissance.

Suis-je vraiment plus déchu à soixante-neuf ans que je ne l'étais à seize ans, bardé d'interdits, muselé par l'autocensure et enfermé dans ma timidité? Quant à ma trentaine, mes principes et mes visées humanitaires occultaient trop souvent le goût du plaisir, l'expression de ma sensualité ou même la capacité de risquer l'inconnu, encore moins l'inconnue!

Il ne faut cependant pas se leurrer : l'éloge de la vieillesse, tout légitime qu'il soit, n'exclut d'aucune façon la perspective d'horizons plus menaçants où maladies et handicaps demeurent sournoisement tapis dans l'ombre. Arriverai-je à traverser ce champ de mines sain et sauf?

La seule véritable crainte qui m'étreint, à l'orée de cette traversée, est reliée au spectre de problèmes cognitifs et de possibles atteintes à ma mémoire et à ma conscience. Tous les maux de la terre m'apparaissent plus doux qu'une blessure de l'intelligence, fléau qui affligerait mes proches encore plus que moi-même. Me mouvoir en fauteuil roulant, perdre l'ouïe, à l'extrême limite la vue, passe encore; mais ma tête, je n'ose y penser, car la perspective est trop terrifiante.

Vers un nouveau pouvoir

La vieillesse n'est pas plus risquée que les autres étapes de l'existence, mais elle est certainement la moins populaire. Comme elle se fait provocante en dédaignant les canons et les concepts reconnus de beauté, de pouvoir et d'ambition, elle gâte la sauce et, à ce titre, on l'ignore, on la craint ou on la refuse. En tout cas, on lui dénie toute capacité d'exercer un pouvoir quelconque.

Ce pouvoir auquel j'aspire, je le qualifierais de pauvre. Il n'écrase pas, il ne possède pas, ce sont les autres qui, à mon contact, peuvent me l'accorder. Il est nécessairement éphémère, car il repose sur la fragile concordance des cœurs et des esprits. Il possède néanmoins une force extrême et nul ne pourra me l'arracher : on ne tue jamais l'esprit, on ne vient jamais à bout de la tendresse.

Sur certains plans, la vieillesse est l'âge de ce pouvoir. Personnellement, je n'en ai jamais tant fait l'expérience que maintenant. Ce pouvoir, nul ne saurait me le ravir, car il échappe à toute contingence économique et sociale. Mon état d'esprit me fait penser à celui d'un prisonnier politique qui se sentirait infiniment plus libre que son geôlier.

Je commence à savoir où nichent la bonté et la beauté. C'est une découverte qu'il m'a été donné de faire au hasard de partages, de rencontres, de souffrances et de joies. Je ressens très spontanément la fraîcheur de l'enfance dans le sourire ou les larmes d'un être croisé sur mon chemin. J'en arrive même à conclure que la rancune, l'opportunisme ou la bassesse d'esprit émanent de personnes qui ne doivent pas être très heureuses et recherchent en vain la clef du pouvoir libérateur qui rendrait leurs relations plus satisfaisantes.

Je suis peut-être présomptueux, mais jamais les pires moments de la vieillesse ne parviendront, j'en suis convaincu, à me faire renoncer à la recherche permanente de ce nouveau type de pouvoir. Je souhaite que, si par malheur tout m'est enlevé, l'essentiel demeure : la présence affectueuse de mes proches, le sourire de petits enfants, le plaisir d'un bon repas.

Nous retrouver à deux

Le départ des enfants nous renvoie l'un à l'autre. La maison est devenue grande et nous devons nous réapproprier les lieux. Claire pourra utiliser une chambre pour en faire son domaine de silence, d'écriture, de musique. Je pourrai en prendre une autre pour la même raison. Retrouver nos propres espaces et y faire notre marque. Modifier également notre rythme de vie, nos horaires et nos activités quotidiennes.

Travailler à consolider notre autonomie. Découvrir de nouvelles perspectives. Tout ce qui change est signe de vie. Nous devrons improviser, essayer, nous tromper peut-être. Mais est-ce si grave?

Les fées qui ont garni notre corbeille de mariés n'ont pas oublié d'y semer quelques graines de mésententes, intimement mêlées à celles de l'harmonie et du bonheur d'être ensemble. Les conflits ressemblent à du chiendent accroché aux aspérités au bord de notre route. Ils nous font mal, nous atteignent profondément et propulsent chacun d'entre nous dans la nuit froide des solitudes douloureuses. Nous avons cependant eu de la chance, Claire et moi, car nos différends ont presque toujours constitué des préludes à des réconciliations engendrées dans les larmes et dans la peine. Bienheureuses mésententes qui nous ont valu des moments aussi intenses que le bleu d'un ciel lavé par l'orage!

* * *

Je pense vraiment que, si le plaisir de vivre à deux commence par celui de se retrouver seul, ce n'est pas là pour moi une réalité encore très concrète. Quand Claire est absente, j'ai toujours en tête la préoccupation de trouver tous les moyens possibles de passer le temps afin de pouvoir échapper à cet inconnu en moi qui m'intimide, tellement je l'ai peu fréquenté. Aujourd'hui, je suis de plus en plus assuré que Claire n'est, en aucun cas, un substitut à ma solitude.

Le fait que j'aie à me retrouver implique que je me sois perdu. Et je crois profondément que c'est vrai. Perdu de vue comme un être que j'aurais négligé, mais qui jamais ne m'aurait fait de reproches, qui jamais ne m'en aurait voulu. C'est bien commode de s'ignorer. Aucune conséquence apparente. Nous pouvons cheminer des années sans nous semoncer, en continuant à ne pas nous connaître et en vivant le plaisir ambigu de faire sans cesse un agréable et inutile surplace.

Mais, il faut en convenir, une telle réalité n'est guère satisfaisante. Je ne sais ce que me réserveront des temps de silence et d'écoute de moi-même, mais je soupçonne qu'ils seront enrichissants et régénérateurs. Comme Claire, de son côté, recherche les conditions d'une autonomie renouvelée, je me réjouis à l'avance de nos trouvailles sur le sujet.

* * *

J'espère que nos activités, nos projets et nos priorités seront différents et originaux comme ils le sont, du moins dans une certaine mesure, depuis que nous vivons ensemble. Ne plus rien avoir à nous raconter, à partager, ce serait le début de la mort lente de notre relation, qui s'étiolerait progressivement sous le poids des habitudes acquises. Au contraire, je voudrais pouvoir toujours continuer à surprendre Claire. Je me rappelle, à ce sujet, l'histoire d'une vieille dame qui fêtait ses soixante-dix ans de mariage et à qui l'on demandait quelle était la qualité la plus marquante de son mari. Sans hésiter, elle a répondu : « À son âge, il me surprend encore tous les jours. » Mon rêve serait de pouvoir mutuellement continuer à nous surprendre, de laisser Claire dans l'ignorance de tel de mes projets pour lui en faire la surprise.

Je crois qu'une des questions les plus incomplètes et les plus limitatives qui soient est celle de demander : « Qu'allons-nous faire ensemble? » À mon sens, le véritable enjeu qui sous-tend tous les autres est : « Qui allons-nous être ensemble? » C'est la même opposition entre le « faire » qui limite et restreint mes objectifs et l'« être » qui va chercher le plus profond de moi-même.

* * *

Il serait invraisemblable que plus de trente ans de vie à deux n'aient pas généré en nous une certaine richesse d'expériences partagées mais aussi, on s'en doute, une accumulation de réflexes et de conditionnements. C'est ainsi que, peu à peu, j'ai pris l'habitude de cacher certaines tristesses (au point de finir par ne plus m'en rendre compte). Je pense que, plus ou moins consciemment, je ne souhaitais pas aviver la peine de Claire en butte, elle aussi, à des phases difficiles, alors qu'en réalité elle aurait souhaité m'entendre et m'apporter éventuellement du support.

Chez nous, le partage des joies fut en général spontané. Ce ne fut pas toujours le cas de celui des peines, du moins de celles qui me touchaient personnellement. Quant à nos deuils et à nos souffrances, nous avons pu les mettre en commun et la présence aimante de nos amis fut alors très précieuse.

En pensant au couple que nous formons, Claire et moi, j'ai conscience que là où le bât blesse, ce n'est pas sur ce que nous vivons en commun, mais sur ce que je ne vis pas individuellement. J'ai l'impression d'avoir une bonne côte à remonter pour retrouver une plus grande autonomie. Je me demande, par exemple, ce qui pourrait bien m'empêcher de m'accorder plus régulièrement des temps privilégiés, tels que m'attarder à la terrasse d'un café, lire tranquillement à la bibliothèque, m'adonner à l'occasion à des activités de célibataire. Ces petites gratifications personnelles, je les ai presque toutes dédaignées, sans véritablement savoir pourquoi. Difficulté à me prendre en main pour m'accorder du plaisir? Crainte de perdre mon temps? Sentiment de m'adonner à des activités superficielles? Je ne sais au juste; probablement pour toutes ces raisons. L'enfant en moi tente bien de suggérer la voie de la fantaisie et de la créativité, mais la grande personne a tendance à le faire taire.

Un partage qui libère

Je me demande pourquoi ce sont surtout des femmes que je compte parmi mes amis. Les hommes, je les rejoins, mais plus difficilement. Je les sens moins disponibles, moins à l'écoute. En réalité, je ne pense pas être encore capable de faire avec eux le grand saut dans l'aventure des relations humaines vraies et profondes. Pour tenter de comprendre cette situation, il me faut remonter très loin dans le passé. Jeune, j'avais bien peu d'amis, encore moins d'amies. Des copains seulement. Je n'osais partager ce qui me questionnait et m'habitait, sans doute de peur de paraître faible ou ridicule.

Je craignais de m'ouvrir à quiconque, pour me libérer de la tristesse de devoir tout garder pour moi. Doté d'un caractère plutôt sociable, je m'agrégeais facilement à des bandes de copains. Sans être superficielles, mes relations n'atteignaient jamais ce degré d'intimité que j'aurais souhaité. Mais j'en prenais mon parti et je me suis toujours débrouillé pour ne jamais me sentir seul, convenant finalement qu'il n'était peut-être pas si nécessaire que nous, les hommes, partagions nos sentiments, nos peines ou nos joies. En somme, les autres m'acceptaient et je leur en savais gré.

Plus tard, je devais peu à peu apprendre à me passer de l'approbation d'autrui. Étant devenu père, je me suis vite convaincu, et cela allait d'ailleurs dans le sens de mon tempérament, que mon rôle n'impliquait nullement que je devienne autoritaire ou même que je dirige la famille, au sens où on l'attend encore de l'homme. Bien plus, je me suis mis à découvrir le sentiment de libération que les pleurs pouvaient générer.

Aujourd'hui, après tant d'années de vie commune, après avoir si souvent vu Claire écrire et s'exprimer au fil de son cœur, je me sens moins seul face à la nécessité d'accéder à ce que je ressens, mais le défi d'être moi-même et de le partager demeure ardu. Est-ce ma condition d'homme réticent à écouter son cœur et donc à accueillir imparfaitement les messages des autres? Peut-être. Mais quelque chose me dit que cette carapace protectrice commence à se fissurer de toutes parts et je ressens de plus en plus le bienfait de pouvoir m'exposer sans défenses aux regards d'autrui. Les circonstances de la vie et l'attitude bienveillante et lucide de mes proches ont certainement fait que grandisse en moi la confiance et que je prenne de plus en plus de distance par rapport aux regards extérieurs. De tels enjeux continuent à me préoccuper et à me stimuler.

Repartir…

Qui suis-je, aujourd'hui, à soixante-neuf ans? Je devrais le savoir! Me poser cette question, c'est poser la question des kilomètres qui me restent à parcourir. Je les souhaite variés, riches et changeants. Je veux m'emplir le cœur et les yeux de cette vie devant moi.

J'ai l'impression qu'au fil des années à venir je continuerai à rechercher des défis nouveaux, même si j'ignore encore la forme qu'ils prendront…

La franchise affectueuse de ceux et celles qui m'aiment m'aide à mieux me connaître. Je me sens ainsi plus disposé à aller de l'avant.

Je vis encore certaines formes de cet activisme qui n'a point disparu par magie au moment où cessaient mes activités professionnelles. J'en avais d'ailleurs conscience quand, au début du livre, je faisais part de mes résolutions… « Il me faudra donc découvrir un nouveau rythme de vie où se succéderont des temps d'activité et des moments de repos et de silence. » Que sont ces souhaits devenus? Je dois convenir, après trois années de retraite, qu'ils sont demeurés, en partie, des vœux pieux. Je pourrais, certes, évoquer ma difficulté à refuser des propositions d'activités qui, par ailleurs, me plaisent. Mais je sais fort bien qu'il me faut continuellement apprendre à dire non. Ce n'est pas là tâche aisée car, on peut s'en douter, je ne peux que me sentir gratifié lorsqu'on fait appel à mes services.

Quoi qu'il en soit, je demeure convaincu que mon existence doit changer, et il ne s'agit plus là d'un souhait mais d'un engagement quasi formel. Je me reconnais une limite très précise, celle d'être trop paresseux pour m'arrêter de travailler, de m'agiter, de me dépenser. Toutefois, depuis quelques mois, la situation évolue. Je me surprends à passer de longues journées à me détendre : lire, peindre, marcher plus longuement avec le chien, préparer un bon repas, etc. Cette allure différente ne va pas sans peine. Mes censeurs intérieurs demeurent vigilants et voient d'un mauvais œil cette existence plus calme et plus lente. Heureusement, je leur tiens tête et je prends goût à ces rythmes nouveaux qui me permettent d'être à l'écoute de mon mouvement intérieur.

La vie est trop courte pour que j'emploie le plus clair de mon temps à m'occuper, fût-ce au service des autres. Mon prochain défi consistera à me retrouver et, surtout, à prendre les moyens pour y arriver. Ce travail d'écriture avec Claire m'incite à donner libre cours à mes émotions. J'espère qu'au cours des mois et des années à venir je saurai régulière-ment m'arrêter pour méditer, prier dans un climat de détente et de disponibilité. Cela m'apportera peut-être la force de renoncer à des activités qui m'apparaîtraient inconciliables avec mon désir d'une vie plus équilibrée.

De plus, je n'oublie pas que bien des travailleurs dans la quarantaine et la cinquantaine sont témoins de la façon dont les retraités vivent ce temps de leur existence. Selon que ce temps de vie leur apparaîtra ou non attirant, ils auront plus ou moins hâte d'y parvenir. Une amie me disait récemment : « À quoi bon arriver à un âge avancé si c'est pour avoir un agenda aussi rempli qu'autrefois et des temps libres si limités? » Cette amie m'a permis de prendre conscience d'une situation paradoxale : souvent, nous menons à la retraite une existence fort active, mais l'image que nous en projetons amène les plus jeunes à douter que cette étape saura leur apporter le repos et la détente auxquels ils aspirent tant.

Il serait ainsi dommage que nous demeurions à leurs yeux des personnes essoufflées et tendues, alors que la vie à la retraite, même active, peut être tellement féconde et pacifiante.

* * *

Les mots de Claire

Le départ des enfants

Dès la naissance, lorsque nous tenons au creux de nos bras notre nouveau-né, fragile et entièrement dépendant de nous, nous avons le sentiment que les années à venir seront longues, voire infinies. Tout en sachant, bien sûr, qu'un jour cet enfant nous quittera et ira, à son tour, faire sa vie.

Jeune mère, j'avais été touchée par une phrase d'Arnaud Desjardins disant à peu près ceci : « Nous ne devrions pas dire *nos enfants* lorsque nous parlons d'eux, mais plutôt : *ces enfants qui nous ont été confiés.* » Cette affirmation, que certains pourraient trouver choquante, m'avait donné l'occasion de réfléchir au fait que nos enfants, tout en appartenant à cette famille que nous avons un jour fondée, ne sont pas pour autant notre possession.

Rapidement, il est vrai, ces petits deviennent le centre de notre vie pendant que nous essayons de devenir, selon l'expression de Bruno Bettelheim, des parents « acceptables », désireux avant tout de rendre nos enfants heureux, équilibrés, responsables et dotés de ces valeurs que nous estimons important de leur transmettre.

Puis, bien des années plus tard, après les avoir accompagnés sur la voie de tous ces apprentissages qui mènent à l'âge adulte, ils nous annoncent qu'ils quittent la maison, impatients de déployer leurs ailes toutes neuves et de mener leur vie comme ils l'entendent. Départ souhaité et, dans certains cas, désiré de part et d'autre. Ce peut être aussi une transition nécessaire pour ce jeune qui pourra se sentir partagé entre le souhait, réel et légitime, de prendre de la distance face à ses parents et celui de continuer à profiter de la sécurité du toit familial.

* * *

Notre aînée n'habite plus avec nous depuis quelques années déjà. Départ progressif, effectué en douceur. Il y a peu de temps, c'était notre fille cadette qui quittait cette maison dans laquelle elle avait toujours vécu depuis sa naissance. Ses études terminées, il était devenu normal pour elle de mener sa propre barque et de se choisir un nouveau lieu de vie bien à elle. Une décision que nous, ses parents, avons entérinée, car nous comprenions ce désir légitime de vivre tout à fait autonome. Nous l'avons accompagnée au moment de son installation et partagé son enthousiasme face à son aménagement.

Ce fut néanmoins pour Anne un déchirement lorsqu'elle dut quitter la chambre d'enfant et d'adolescente où elle avait grandi et laisser le confort douillet de la maison où le réfrigérateur était rarement vide, le repas du soir, souvent prêt. C'était pour elle, comme cela l'avait été pour Catherine, une transition importante. Ensemble, nous avons pleuré, nous rappelant tout ce passé de complicités, de rires et de tendresse partagés.

Depuis, immense est notre maison. Un départ douloureux pour moi, car il marque la fin d'une étape dans ma vie, celle de mère activement présente et en contact quotidien avec l'ébullition et l'énergie d'une jeune femme de vingt-trois ans qui, il n'y a pas si longtemps, me semble-t-il, était une petite fille aux nattes blondes pédalant fièrement sur son tricycle.

Jusqu'à maintenant, la présence d'une enfant à la maison nous avait maintenus dans la douce illusion d'une certaine jeunesse. Aussi long-temps que parents et enfants cohabitent, ils sont les témoins de ce qui se vit de part et d'autre. Tout au long de ces années au cours desquelles nos enfants apprennent, grandissent et évoluent, la dynamique fami-liale s'enrichit de nos vécus respectifs, de points de vue et réflexions autres. Cette situation permet que nous, les parents, fassions des remises en question parfois douloureuses, souvent stimulantes.

Ainsi, mes attentes ont pu être trop grandes et mes exigences, pas toujours réalistes. Mais la tolérance que j'ai habituellement manifestée était sans doute préférable à une attitude trop contrôlante. Mettre mes limites, sans pour autant empiéter sur la liberté de mes enfants, a pu occasionner des tensions. J'ai voulu, en tout cas, leur faire confiance sans être une mère inconsciente et les responsabiliser sans les culpabiliser. Ce fut là un défi de tous les jours, dont je mesure mieux aujourd'hui l'ampleur. Chaque parent sait que ces expériences éducatives ne se vivent pas sans qu'il y ait des ratés, auxquels je n'ai bien sûr pas échappé.

Et voilà, vingt-six ans plus tard, ma tâche de parent au quotidien s'est achevée. Ainsi va la vie. N'est-il pas dans l'ordre des choses qu'une génération prenne le pas sur l'autre? Ma peine se résorbera et Hubert et moi découvrirons un rythme nouveau, celui que nous avons brièvement vécu, jeunes mariés. Nous apprécierons les avantages, depuis longtemps oubliés, de vivre selon nos propres horaires, dans une maison paisible, où les airs de musique seront moins trépidants et l'ordre, plus constant.

Un vide à apprivoiser et, plus tard, lorsque la tristesse sera atténuée, un espace à me réapproprier.

Désormais, cette maison sera celle des parents. Nous souhaitons y vieillir, car ces lieux témoignent de notre vie familiale. Et nous savons que pour nos filles ils représentent un point d'ancrage significatif. C'est ici qu'au fil des années à venir continueront à se maintenir et à se renforcer tous ces liens privilégiés.

Vieillir au féminin

Hubert rappelle souvent que dans « vieillir », il y a le mot « vie ». Il est vrai que le processus du vieillissement, quel que soit l'âge, est lié au fait que je suis en vie et qu'au fur et à mesure que s'additionnent les années mon organisme vit, progresse, vieillit. Ainsi, on dit d'un enfant : « Ah! s'il peut vieillir », sous-entendant : « Ah! s'il peut devenir plus mature et comprendre mieux les enjeux de la vie! »

Vieillir, je continue à le faire à soixante ans comme je le faisais à huit ou dix ans. Mais, dans le vieillir de mon enfance, ce mot signifiait ascension, montée vers l'âge adulte. À soixante ans, le fait de vieillir me parle plutôt de limites, de déclin, lent sans doute mais non moins réel et dont les effets deviennent peu à peu évidents. Puis-je me réjouir de devoir désormais composer avec certaines restrictions physiques, de me sentir moins énergique et d'observer au quotidien « des ans l'irréparable outrage »?

Je sais aisément reconnaître ces signes de vieillesse et il est évident que je n'en éprouve aucun plaisir. Je suis moins souple, plus rapidement fatiguée et je ressens régulièrement des malaises reliés à l'âge. J'entends d'ici mes amies plus âgées me dire : « Cela n'est rien. Tu verras, ce sera bien pire quand tu auras notre âge! »

Je me dis qu'il sera toujours temps de voir ce que seront physiquement pour moi les années futures. Mais ce que je constate, à l'aube de ce troisième âge, est suffisamment éloquent pour me convaincre que les choses n'iront pas en s'améliorant. Accepter que mon corps n'est plus aussi docile qu'autrefois et que certains projets seront ainsi freinés, voilà qui me contrarie. J'apprends à composer avec ces quelques désagréments. J'essaie d'assumer mon âge et de me rappeler tous les atouts dont je dispose encore.

Je reconnais que cette soixantaine que je viens de célébrer comporte certains avantages dont j'apprécie la valeur. Ce corps plus usé qui est le mien me parle de mon passé, d'événements heureux ou difficiles dont il garde les traces. Ces rides et ces plis qui se multiplient, s'intensifient, disent les peines et les larmes, les joies et les rires. Ces mains fatiguées ont beaucoup travaillé et pourraient raconter des années de labeur domestique et intellectuel. Les épreuves, les grands bonheurs et les tristesses indicibles sont partie intégrante de mon histoire et donnent tout son sens à ma soixantaine.

Mais il n'empêche que vieillir pour moi, c'est surtout me rapprocher du terme de la vie. Je l'imagine encore bien loin, mais je sais que l'horizon perd peu à peu de son amplitude. Et le fait qu'Hubert ait neuf ans de plus que moi n'est certes pas étranger au sentiment d'urgence qui devient de plus en plus présent. D'autres me l'ont confirmé : le grand souffle de liberté vécu à la retraite est souvent accompagné de cette conscience encore plus aiguë de la rapidité du temps qui s'écoule. Lorsque je réalise à quel rythme se sont passées les dix ou quinze dernières années, quand je regarde la tête grisonnante d'Hubert, je me dis que l'on entre, insidieusement et malgré nous, dans la catégorie des vieux… S'accentue alors mon désir de vivre avec intensité et passion, et d'être une meilleure vivante encore.

Des priorités nouvelles

Comme chacun, je suis aux prises avec mes démons intérieurs qui me tirent vers l'arrière et projettent parfois de l'ombre sur certains aspects de ma vie. Je suis soumise à des contingences qui me sont propres; j'essaie d'y échapper et je reconnais mes fragilités.

Je manque parfois de tolérance, je suis trop impulsive ou hantée par certaines peurs; la route devient alors plus raboteuse. Je dois également affronter quelques contradictions. Ainsi, je désire vivre plus simplement, mais il m'arrive encore trop souvent d'être agacée par de petits détails matériels bien anodins. Je vis en échafaudant des projets pour le futur, sans toujours profiter du présent. J'aime ma famille, mes amis, mais je ne les aime pas suffisamment pour faire preuve de plus d'indulgence face à certains de leurs comportements. Je suis convaincue du bien-fondé de la prière et de la méditation, mais j'en retarde la pratique régulière. J'aspire à des temps de silence et de détente, mais je laisse de nouveaux sujets d'agitation accaparer mon attention.

Si je parle souvent de sérénité, c'est probablement parce que je devine que seule cette attitude intérieure justifie tous ces efforts pour arriver peu à peu à appréhender la vie avec moins de craintes, plus de détachement. Trop de turbulence quotidienne nuit à cette intériorisation et à des temps de silence nécessaires à ce recul, dont je sais avoir besoin pour mettre ma vie en perspective.

* * *

Précédemment, Hubert réfléchissait au défi qui se pose à tout retraité de rétablir un équilibre satisfaisant entre les appels de l'extérieur qui continuent à nous solliciter et le désir de prendre du temps pour soi et de laisser libre cours à des fantaisies et à des apprentissages, jusque-là insoupçonnés.

Je repense au climat de ma première année de retraite dont je garde un si doux souvenir. Je m'étais alors permis de belles éclaircies dans mon horaire, sans grands projets ou obligations qui m'accaparaient. C'était le temps où j'avais le temps. Je me laissais porter tranquillement par les tâches du quotidien sans me sentir pressée. Je me rappelle avoir été très détendue, plus patiente et, surtout, avoir pu laisser émerger des impressions oubliées et des désirs profondément ensevelis. Puis, peu à peu, mes engagements se sont multipliés. Étant plus disponible, je demeurais toujours prête à entreprendre de nouvelles activités et à reprendre du service là où on avait besoin de moi.

Je ne regrette rien de tout ce que j'ai fait et vécu au cours des dernières années. Dans les faits, l'expérience de ce premier temps de retraite m'apprend que, retraitée ou pas, j'ai continué à être celle que j'ai toujours été : une femme dynamique, enthousiaste et heureuse de me sentir utile et d'avoir mille projets en tête. J'ai toujours aimé avoir du pain sur la planche et je me sens davantage stimulée lorsque plusieurs défis sollicitent mes énergies. On ne change pas sa nature en changeant de statut. Mais ce que la vie me permet, maintenant, c'est de devenir plus attentive à mes besoins, à mes désirs. Parce que le temps m'est davantage compté, je veux en faire un meilleur usage.

Je tente donc, peu à peu, d'établir un équilibre plus satisfaisant entre le temps que je m'accorde et celui que je dédie aux autres. La culpabilité, cette mauvaise conseillère, est encore une compagne trop familière. Je suis toujours tributaire de grands préceptes qui ont guidé ma jeunesse et certains choix de vie. Le don aux autres et l'oubli de soi, je les crois nécessaires, mais dans la mesure où ils ne compromettent pas mon propre épanouissement.

* * *

Je me remets en route dans tous les sens du mot. L'écriture de ce livre terminée, ce sera la poursuite de notre périple sur la route de Compostelle : une deuxième étape de cinq cents kilomètres du centre de la France jusqu'à l'Espagne. Je crois au pouvoir des longues marches, jour après jour, dans une campagne que je sais à la fois belle et austère. Ceux et celles que j'aime m'accompagneront, à tour de rôle, dans mes pensées et mes prières. J'aurai également tout le loisir de réfléchir à mon propre chemin, à tout ce que j'ai vécu depuis soixante ans et à ce que je souhaite encore vivre et réaliser.

Chambre d'enfant

Dans cette pièce, il n'y a plus que le lit et les étagères garnies, çà et là, de quelques bibelots, seuls vestiges de toutes ces années écoulées.

Chambre d'enfant, d'adolescente, de jeune universitaire. Ces temps de vie se sont succédé alors que livres et bricolages s'y entassaient au fil des ans. Puis oursons et jouets ont cédé le pas aux bouquets de fleurs séchées, aux photos et aux bouquins qui racontaient, à leur façon, les rêves de la jeunesse.

Chambre d'enfant se transformant au gré des étapes, devenant lieu de vie, de secrets enfouis ou partagés, de rires et de chagrins.

Chambre de lumière, dont les éclats ensoleillés et l'écho de la musique se répercutaient à travers toute la maisonnée.

Chambre obscure si tard dans la matinée, car longue avait été la veillée.

Chambre désordre aussi, où seule l'initiée pouvait arriver à dénicher le chandail approprié et le numéro de téléphone quelque part noté.

Chambre de tous ces âges où se sont accumulés tant de souvenirs et dont les murs continuent à résonner de ces moments de joies et de peines, d'apprentissages et de labeurs.

Chambre témoin de vie. Du bonheur de l'enfant qui s'endort paisible et confiante. Du désarroi de l'adolescente, des remises en question de la collégienne, des peines d'amour de la jeune femme.

Chambre désertée. La musique s'est tue. Y règnent un calme et un ordre étranges. Immobilité des lieux. Mon cœur se serre. Je le sais, ces belles années du cœur de la vie se sont à jamais éloignées. Ne restent plus que tous ces lumineux souvenirs d'enfance et l'espérance d'une nouvelle génération encore en devenir.

CHAPITRE 9

Correspondance

On peut le deviner, ce travail d'écriture « à quatre mains » ne fut pas toujours une tâche aisée, mais nous en retirons tous les deux beaucoup de satisfaction.

Oui, nous avons bien des fois mis et remis notre ouvrage sur le métier, mais nous avons cru, jusqu'au bout, à la pertinence de nos propos et à l'intérêt qu'ils pouvaient soulever.

Maintenant que s'achève la rédaction de ce livre, nous sentons le besoin de nous dire et de communiquer au lecteur ce que nous avons appris et vécu au cours de ces deux années de retraite, où nous avons consacré bien des heures à réfléchir au contenu de nos différents chapitres, puis à les écrire.

Voici donc les lettres que nous nous sommes adressées.

* * *

Le 20 janvier 2003

Ma très chère Claire,

Je songeais bien à t'écrire, mais je pense que je ne l'aurais pas fait si notre amie May ne nous avait pas suggéré de terminer ce livre par un échange de lettres. Cette correspondance me semble d'autant plus justifiée que nous avons travaillé ensemble depuis deux ans. Cette tâche commune ne peut qu'avoir suscité en nous des réactions, des interrogations et également certaines conclusions. Je trouve donc important que nous nous en fassions mutuellement part.

Je voudrais d'abord te communiquer ce que je ressens actuellement : avant tout un peu de timidité car, tu le sais, je ne suis pas virtuose dans l'art d'explorer mon intériorité ou de l'exprimer spontanément.

En premier lieu, et bien avant que soit conçue l'idée d'écrire un livre à deux, je te sais infiniment gré de m'avoir souvent donné les coups de pouce nécessaires sans lesquels je ne me serais vraisemblablement jamais décidé à entreprendre cette première véritable démarche d'écriture personnelle. En effet, face à ton incapacité à écrire quoi que ce soit qui ne découle pas de ton cœur, je ne pouvais que remettre en question une habitude profondément ancrée en moi de disserter et d'écrire à partir de concepts plutôt rationnels.

Quand tu m'as proposé d'écrire un livre à deux, j'ai été enthousiasmé, comme je le suis souvent lorsque tu me suggères telle ou telle initiative conforme à ta personnalité curieuse et créative. Aussi ai-je très spontanément acquiescé. Je pressentais, peut-être inconsciemment, que cette démarche prendrait beaucoup plus d'importance et me mènerait plus loin que je ne le croyais.

Écrire un livre avec toi, c'était un projet emballant, d'autant plus que je me piquais de bien connaître ce domaine. J'avais déjà écrit, je me trouvais en terrain connu. Je me voyais avec plaisir passer de longues heures à l'ordinateur, comme je l'avais si souvent fait. La seule différence, et elle était de taille, résidait à mes yeux dans la nature même de cette entreprise : écrire à deux. Il me fallait alors tenir compte de ta façon de travailler, de ce que tu désirais partager et aussi du climat qui te convenait. Et là, j'étais moins sûr de moi!

Je t'avoue avoir trouvé cette expérience de travail en duo parfois difficile. Tu me disais souvent que je savais écrire, mais toi, non. Par ailleurs, j'étais bien désemparé quand, à l'issue d'une journée de travail, j'étais plutôt satisfait de ce que j'avais composé alors que toi, tu ne l'étais pas. Je ne comprenais pas et j'essayais d'atténuer ce dont tu souffrais, quitte à faire parfois la sourde oreille à ce que tu pouvais ressentir.

Heureusement, il y a eu le regard affectueux et critique de quelques amies, lectrices privilégiées qui, tout en exprimant certaines réserves, nous confortaient dans l'idée que ce que nous écrivions pourrait, non seulement intéresser les lecteurs, mais les atteindre en profondeur. Ces regards lucides et exigeants nous ont encouragés à des moments où nous étions tentés de baisser les bras.

En dépit de ces incidents de parcours, ton attitude, tes remarques, tes commentaires m'ont peu à peu convaincu que l'intérêt de notre écriture à deux résidait moins dans l'originalité des idées que dans la tonalité du livre. Écrire t'est apparu très vite comme un témoignage, un partage et non comme un essai à visée plus ou moins académique. Je me vois encore, surtout au début, tout heureux d'avoir développé de belles idées sur la retraite et les retraités, alors qu'en fait tu désirais que nous partagions moins des idées qu'une expression très personnelle de ton vécu de femme de soixante ans et du mien, homme de soixante-neuf ans.

Ce passage du didactique à l'émotion ne fut assurément point une partie de plaisir. Chez moi, les voies du cœur étaient passablement obstruées : c'est une chose d'émettre des opinions, c'en est une autre de savoir simplement s'exprimer. Je te suis reconnaissant de m'avoir accompagné dans l'exploration de domaines qui ne m'étaient guère familiers. Dans une certaine mesure, ils me sont encore étrangers mais, à ton contact, je me suis initié aux premiers balbutiements d'une écriture qui jaillit de l'intérieur. Ce fut une expérience parfois douloureuse car, à plusieurs reprises, elle m'a fait douter de ma capacité d'exprimer par l'écrit une sensibilité que je savais pourtant très vive.

* * *

Je crois que les lecteurs et les lectrices seront sensibles à cette tonalité, car ils se trouveront en face d'êtres qui parlent avec leur cœur et n'hésitent pas, le cas échéant, à partager leurs peines et leurs joies.

Je te l'ai déjà fait remarquer : je ne sais pas qui nous rejoindrons. Ce livre est un peu une bouteille à la mer. Mais de même que je me laisse atteindre par la chaleur d'un sourire ou d'un regard vrai, je peux imaginer qu'un lecteur, fait de la même espèce que moi, se sentira compris ou même aimé. Je saurai le toucher si j'accepte du fond du cœur qu'il saisisse ne serait-ce qu'une minuscule parcelle de mes inquiétudes, de mes souffrances, mais aussi de ma passion de vivre et de vivre dans le plaisir, ce que je n'ai pas suffisamment eu l'occasion de faire depuis tant d'années.

Après nous avoir lus, je souhaite que le lecteur, la lectrice aient le sentiment de se sentir accompagnés et reconnaissent en eux des forces et des capacités dont ils avaient peut-être fini par ne plus soupçonner l'existence.

* * *

J'ai reconnu avec bonheur le ton affectif et simple de tes propos, dont l'expression écrite reflète bien le souci d'être vraie et transparente et de confier à des inconnus ce que tu as jusqu'à présent réservé à tes amis et à tes proches. C'est un saut dans le vide qui m'émeut.

Au fond, Claire, sans le savoir, tu m'as amené à être à la fois auteur et lecteur. Tes difficiles et parfois douloureuses tentatives de mettre sur le papier ce que tu éprouvais profondément et ton besoin de trouver un climat propice à tes capacités créatrices ont certainement eu pour effet de m'amener à me débarrasser de mon chapeau d'expert, quitte à me retrouver seul sur des chemins aussi ardus mais aussi exaltants que ceux de Compostelle.

Ainsi, je me sens maintenant moins inquiet à l'idée que tes journées d'écriture aient pu être moins fructueuses que tu ne le désirais. Je redoute moins que tu te sentes vide et « inféconde » et me demande même si cet état ne serait pas chez toi une de ces rudes étapes, prélude à ces enfantements successifs que seront d'abord le livre, puis les multiples projets qui naîtront de ta nature fonceuse et impétueuse.

Certes, je ne puis ni ne veux te changer, te transformer, encore moins modifier tes perceptions, face à toi-même en particulier. Je voudrais simplement chanter avec toi (imagine le défi!) et que nos voix distinctes se fondent quand elles abordent des thèmes comme les amis, les enfants, les projets, la vie, l'amour, la vieillesse, la mort…

Trente ans de vie, l'un près de l'autre, confèrent une sorte de patine à nos relations. Je ne voudrais cependant à aucun prix que notre longue complicité se mue pour moi en une quasi-impossibilité de penser, d'agir, de décider en dehors de ton orbite. Au contraire, je souhaite que ces années passées sur le métier nous aient permis d'accentuer notre originalité propre.

Cette tâche commune s'arrêtera momentanément avec la parution de ce livre, mais elle se prolongera, je le compte bien, au fil des années. Tu m'auras aidé à semer; à moi maintenant de m'attaquer à la future récolte. Cette récolte, quels en seront les fruits? Je l'ignore, bien sûr, mais je désire du fond du cœur qu'ils soient multiples et féconds. Dans ce domaine, comme dans tant d'autres, à défaut de certitudes, je me nourris de convictions mais aussi de souhaits, dont celui de continuer à explorer des horizons toujours nouveaux.

Je t'ai déjà parlé de cette vieille femme hébergée dans une institution, clouée au lit depuis des années et qui tirait une très légitime fierté de faire, selon ses termes, « du maintien à domicile ». Tous les matins, elle téléphonait à quelques aînés qui vivaient chez eux, afin de leur remonter le moral. En contact régulier avec un centre d'action bénévole, elle s'assurait que tout allait bien pour eux et communiquait avec le centre si l'une de ces personnes vivait une situation requérant de l'aide.

Tu vois, Claire, à l'instar de cette vieille femme, je voudrais, jusqu'à mon dernier souffle, pouvoir me sentir utile et maintenir des relations vivantes avec ceux et celles qui m'entourent. Mon désir le plus vif, c'est de toujours demeurer un homme en marche.

Hubert

Le 25 janvier 2003

Mon si cher Hubert,

Nous voici parvenus à la fin de la rédaction de ce livre sur lequel nous travaillons depuis bien longtemps, me semble-t-il. Oui, cette expérience d'écriture m'a parue longue, tant elle a mobilisé mes énergies et ma disponibilité intérieure. Pourtant, c'est moi qui avais eu l'idée de ce livre en duo. Alors que tu étais à la retraite depuis un an et moi depuis trois ans, je trouvais intéressant que nous réfléchissions ensemble à cette étape de la vie, d'un point de vue essentiellement empirique.

Bien des ouvrages avaient été écrits sur la retraite, sa préparation et sa réalité au quotidien. Mais pourquoi, t'avais-je suggéré, n'écririons-nous pas sur la retraite telle que vécue par un couple ? L'idée de partager notre expérience, nos interrogations et nos perceptions de ce temps de vie me stimulait. D'emblée, tu as accepté cette proposition.

Toute novice dans l'art d'écrire un livre, je m'appuyais sur le spécialiste que je voyais en toi. Je me disais que toi, tu connaissais le « comment »; ce défi serait donc d'autant plus facilement relevé. C'était là faire preuve d'une certaine naïveté. Deux ans plus tard, tu sais comme moi à quel point notre projet a exigé de chacun de nous beaucoup de courage, de remises en question et surtout de persévérance.

Aujourd'hui, je suis heureuse que nous ayons atteint notre objectif. Mais avant de mettre un point final à une telle aventure, il m'importe de prendre le temps de faire un retour sur ce que j'ai appris et vécu au cours de ces deux ans, d'un point de vue personnel et également concernant notre vie de couple.

* * *

Je veux d'abord te parler de plaisir : celui que j'ai eu à vivre ce projet avec toi, à l'élaborer, à le voir peu à peu prendre forme, à te faire lire ce que je rédigeais, surtout lorsque j'arrivais à me sentir suffisamment libérée intérieurement pour laisser couler ma plume et exprimer certaines réalités au plus près de ce que je ressentais. Du plaisir, j'en ai eu aussi lorsque je composais mes tableaux et que, par la suite, je les peaufinais, je dirais presque amoureusement.

Mais que de difficultés il m'a fallu affronter pour garder, au fil du temps, confiance en la réalisation de ce projet! Au tout début, j'étais bien consciente que je m'accrochais à toi, le « pro » de l'écriture, qui allais sûrement me soutenir dans ma démarche et m'indiquer la voie à prendre. Dans les faits, tu m'as comprise et supportée chaque fois que j'ai voulu abandonner, quand je doutais de mes capacités à poursuivre et me demandais ce que moi, jeune retraitée, je pouvais avoir à partager sur cette étape de ma vie que je savourais avec délectation.

Et puis, l'écriture de ce livre requérant beaucoup de mon temps, il m'arrivait trop souvent de me sentir tiraillée entre les occupations journalières et ce temps que je voulais m'accorder pour me sentir totalement disponible à ce qui allait émerger de ces périodes de silence et de réflexion. Au fond, j'ai réalisé combien il est exigeant, dans le quotidien de notre vie, de trouver des lieux et des temps de quiétude, à l'abri des intrusions du monde extérieur. Chaque fois que j'ai été dérangée alors que j'écrivais, je trouvais laborieux de m'y remettre, de rattraper le fil et de refaire en moi le calme nécessaire à la réflexion et à la rédaction. Je comprends que bien des écrivains et des créateurs s'éloignent ou interdisent qu'on les dérange lorsqu'ils travaillent. Pour véritablement se protéger, il faut établir des règles rigoureuses et ne pas s'y dérober, sinon les frustrations s'accumulent.

J'ai également constaté que nos chemins d'écriture n'étaient pas les mêmes et que si j'écrivais si lentement c'est que ce chemin, que je découvrais peu à peu comme étant le mien, empruntait la voie du cœur. Pour y parvenir, j'avais besoin de temps, surtout lorsque trop de préoccupations encombraient mon esprit, alors que toi, tu écrivais plus rapidement, ce qui venait accentuer mon insécurité. Je craignais que nos façons si différentes d'écrire nuisent à la cohérence de l'ensemble.

Nos longues discussions ont donné lieu à des échanges parfois houleux, car nos points de vue s'opposaient et paraissaient inconciliables. J'avais alors tendance à m'enfermer dans ma coquille et à m'éloigner pendant quelque temps. Tant de harpies montaient aux barricades et tentaient de me convaincre que notre projet était tout à fait utopique. Heureusement, il y avait près de nous notre bienveillante amie Marie-Sybille. Lorsque nous la rencontrions, alors que nous nous sentions dans une impasse, elle nous aidait à prendre du recul et à clarifier nos positions respectives. Nos esprits se calmaient et nous étions prêts à remettre sur le métier notre ouvrage, nous rappelant l'importance de nous faire mutuellement confiance.

Tu es un homme de compromis et d'ouverture. Tu étais prêt à reprendre le chapitre amorcé, à modifier ce que je te suggérais, tout en m'encourageant à poursuivre la rédaction d'un texte qui te paraissait intéressant et prometteur.

* * *

Au creux de cet hiver, alors que nous travaillons depuis plusieurs mois à terminer les derniers chapitres, je veux te redire combien je suis heureuse d'avoir persisté et vécu jusqu'au bout cette expérience nouvelle et sûrement féconde pour chacun de nous et pour notre couple. Je sais que nous avons eu à nous soutenir à tour de rôle et qu'il nous a fallu à tous deux une bonne dose d'adaptation et de confiance pour mener notre projet à terme.

À cet égard, le petit cahier vert dans lequel je racontais au jour le jour ce que je ressentais tout au long de ce processus d'écriture fut, pour moi, une aide précieuse. C'est là, sans le savoir alors, que j'ai rédigé mes premiers tableaux et c'est surtout dans ce cahier que je me permettais de faire état de ce que je ressentais lorsque, tôt le matin, je m'assoyais à ma table de travail. Me centrer, suivre mon mouvement intérieur, nommer, jeter sur le papier ce qui émerge : un processus laborieux que je connais mieux maintenant. Quand je m'arrêtais pour écrire dans ce cahier, j'avais le sentiment de perdre mon temps. Je sais maintenant qu'une telle habitude m'a beaucoup supportée et aidée à faire la chasse aux démons qui cherchaient à me convaincre d'abandonner une telle entreprise.

Ce n'était donc pas à toi que je confiais d'abord ces affres de la création. Mais le fait de prendre le temps d'expliciter par écrit ce que je vivais de douloureux me permettait, par la suite, de t'en parler avec plus de calme. Oui, cette expérience d'écriture fut laborieuse, mais ce soir, je te dis toute ma joie de toucher au but.

Quel que soit le sort de ce livre et son impact, je suis certaine que ce travail d'écriture à deux restera un temps fort de notre retraite. Cette expérience nous a permis de vivre très près l'un de l'autre, de continuer à mieux nous connaître, à nous apprécier et à nous pencher sur des thèmes qui sont au cœur de la vie, peu importe la période traversée.

Un jour, alors que nous discutions autour de l'un de ces thèmes, tu avais utilisé une image que j'avais trouvée fort éloquente. À la retraite, disais-tu, la valise dans laquelle nous pouvons mettre des bagages nous paraît très grande; nous avons donc tendance à la remplir beaucoup trop. Jusqu'à ce que la valise éclate, c'est-à-dire jusqu'à ce que nous sentions que nous avons tellement mis de choses dans notre horaire que nous n'avons plus d'espace pour bouger. Voilà, avais-tu dit, le piège qui guette les jeunes retraités actifs de la cinquantaine ou de la soixantaine lorsqu'ils désirent profiter de ce temps de liberté avec trop de gourmandise.

Le livre nous a permis de constater que nous souffrions tous les deux de ce syndrome. Et qu'il était heureusement encore temps d'alléger nos bagages afin de réapprendre à vivre plus détendus, moins stressés par des obligations que nous sommes libres ou non de choisir.

Maintenant que ce livre est achevé, nous allons reprendre le bâton du pèlerin. J'espère cependant qu'il se fera plus léger et que, là où nos pas nous porteront, nous continuerons à rêver ensemble à de nouveaux projets communs. Et que nous y croirons suffisamment pour en réaliser au moins quelques-uns…

Claire

Table des matières

Achevé d'imprimer chez
MARC VEILLEUX IMPRIMEUR INC.,
à Boucherville